ALSOKパワーで勝つ!

新版 レスリング最強バイブル

監修 大橋正教 ALSOKレスリング部監督

メイツ出版

世界トップレベルの技から学ぼう！

はじめに

かつては、オリンピックで金メダルをどれだけ獲得しても、注目されるのはそのときだけの〝マイナー競技〟と言われていたレスリング。

しかし、長年にわたる普及のための努力が実り、いまではオリンピック以外の世界選手権、全日本選手権などでもテレビ、新聞、雑誌などで取り上げられるようになり、競技人口もキッズを中心に増加しています。

本書は、レスリングを始めたばかりの初心者、あるいは競技歴のある指導者がいない環境でがんばっている選手を対象とした入門書です。

そのため、「フリースタイル」だけに限定。構えや組み手、崩し、さしなどを説明した【基本】、タックルや投げ技を解説する【スタンド】、アンクルホールドやローリング、股さきなどを取り上げた【グラウンド】、そしてレスリングなら

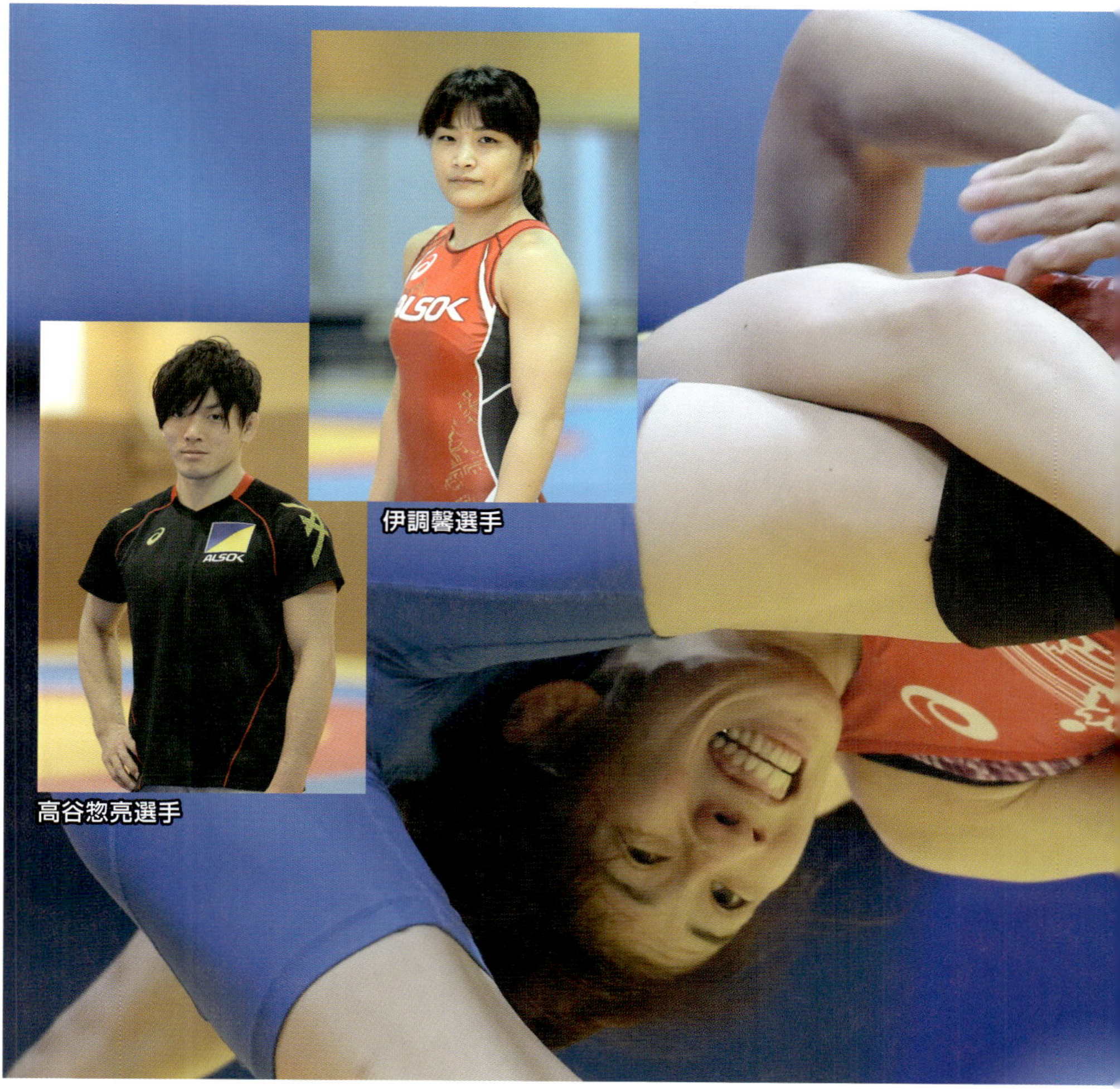
伊調馨選手
高谷惣亮選手

ではの【トレーニング】の4章から構成されています。

実技モデルを務めてくれたのは、世界で戦う現役の選手たちです。

伊調馨選手は、女子では世界最高峰と評される技術力を武器に、女子選手初、日本人選手初、レスリング初のオリンピック4連覇を達成。２０２０年東京オリンピックでは前人未到5連覇に挑みます。

高谷惣亮選手は２０１４年世界選手権準優勝。ロンドン、リオデジャネイロ大会に続き、東京大会でオリンピック3大会連続出場を果たすとともに、オリンピック初のメダル獲得を目指しています。

まずは、二人のインタビューから練習に取り組む姿勢を学んでください。そして、基本をしっかり身につけたら、憧れの選手が生み出した高度な技にも挑戦してみましょう！

ALSOKレスリング部　監督
大橋正教

この本の使い方

本書はレスリングのレベルが、効果的に向上するためのポイントを紹介しています。

各ページは「コツ」という項目ごとに、必要な知識や技術の秘訣をわかりやすく説明しています。これからレスリングに挑戦しようとしている人から、もっと試合で勝ちたいとレベルアップを望んでいる人までを対象に必要なコツをカバーしています。

連続写真や解説文、ポイント説明などで構成しているのでわかりやすく、ビジュアルを見ながらスムーズに理解することができます。

コツ01から順番に読んでいくことはもちろん、気になる部分を中心にチェックしたり、弱点克服や課題のクリアなど、自分のレベルや状況に合わせて活用することができます。

タイトル
このページでマスターするテクニックや知識などが一目でわかるようになっている。

PART 2
コツ 12
スタンド技術
スタンド技術をマスターしよう
相手を倒すためのスタンド技術を覚える
レスリングは、「相手の両肩をマットにつける（=フォール）」ことで勝敗を競う競技だ。勝利を掴むためには、まずは相手を倒さなければいけない。試合は当然ながらスタンドの状態から始まるため、いかにして相手を倒すのかが、キーポイントとなる。そのため、まずはタックルをマスターし、スタンド技術を磨くことが重要になる。
本書では、スタンド技術として、両足タックル、片足タックル、投げ技を紹介する。それぞれ、数パターンの仕掛け方を掲載するので、状況に応じて使い分けたい。
さらに、レスリングでは仕掛け方を覚えると同時に防御方法を習得することも非常に大切となる。相手に決めさせないための技術もマスターしよう。
30

解説文
コツと関係する知識を解説している。じっくり読んで理解を深めよう。

POINT
テクニックの具体的解説や、動作のなかでの注意点やポイントなどをアドバイス。

POINT 1 **両足タックル**

レスリングにおいて、もっとも基本的な技でありながら、もっとも奥深いともいわれる。数々の技の中で、一番最初に習うのもタックルだ。両足タックルを完全にきめることができれば、ポイントを確実に奪うことができる。

POINT 2 **片足タックル（頭を外）**

頭を外にして相手の懐の片足に入るタックル。テイクダウンを奪う技として欠かせないテクニックだ。両足タックルと同様に懐に入ることが大切。

POINT 3 **投げ技**

決めることができれば、一気にビッグポイントをとることができ、またそのままフォールにも持っていける大技。1種類でも自分のものにすることができれば、試合において大きな武器となるだろう。

+1 プラスワンアドバイス

防御の技術もマスターしよう

いずれの技も、仕掛ける技術を磨くだけでなく、防御の仕方を覚えることも大切。実戦では、ポイントを奪うと同時に、奪われないように攻めながら守る必要がある。防御の技術を向上させることで、より攻撃が冴えてくる。

31

プラスワンアドバイス
気をつけるべきポイントなどをアドバイスしている。

目次

※本書は2015年発行『ALSOKパワーで勝つ！レスリング最強バイブル』の新版です。

TUWA

レスリングの魅力

ALSOK レスリング部監督　大橋正教インタビュー

コツ01 自分自身を一番のコーチにする

コツ02 いまも忘れられない人生初の勝利

私は中学入学と同時に、柔道を始めました。父の勧めで、地元の中村道場に通うようになったのです。父は柔道を習えば体が強く健康になり、受け身を覚えればイザというとき役に立つと考えたのでしょう。

国体やインターハイで活躍するOBを何人も育ててきた名門道場の稽古はとてもハードで、ついていくのがやっと。試合に出場するどころではなく、乱取りは体の大きさに関係なくやらされるため、小さな私は一度も相手を投げたことがありませんでした。

そんな道場で週1回行われていたレスリングの練習が、私とレスリングの出会いとなったのです。道場の関係者が指導し、練習はマットではなく畳の上。

それでも、「せっかくレスリングの練習をしたんだから試合に出てみろ」と言われ、中学3年生のときに出場した試合で、私は生まれて初めて人に勝つことができました。

始めたときから「レスリングというのはキツい競技だなぁ」と思い、それは現役の間ずっと変わりませんでしたが、あのときの〝勝った喜び〟があったから私はずっとレスリングを続けることができ、レスリングを愛してこれたのだと思います。

コツ03 夢を抱け！目標を立てろ！

私が進学した岐阜第一高校にはレスリング部はなく、高校2年生ぐらいに近くの高校で練習させていただき、おかげさまで高校3年生のとき、国体で3位になることができました。

そのときの試合を観ていてくれた、山梨学院大学の下田正二郎先生（レスリング部監督、現・部長）に誘われて進学しましたが、先生は「おまえはオリンピックに行ける素質がある」とずっと言い続けてくれたのです。

最初のうちは、そんなことを言われてもピンときませんでした。なにしろ、国体で3位になるのがやっとの選手ですからね。オリンピックに出場するような選手は高校時代からインターハイや国体で優勝しまくっている選手ばかり。「おだてられても、無理なのはわかっているよ」と心の中では思っていましたが、ハートが熱い先生に言われ続けているとなんだかその気になるものです。

「よし、オレもオリンピックを目指すぞ！」

それまでオリンピックなど考えたことがなかった私が、目標として掲げるようになりました。いま思うと、下田先生は選手に大きな夢を抱かせ、高い目標を持たせようとしたのでしょう。

自分を励まし、追い込み、目標に向かって突き進んだ私は、夢を叶えることができました。

コツ04 継続は力なり！続けてやれば必ず差が出る

1992年のバルセロナオリンピック出場が決まった頃からでしょうか。色紙などにサインといっしょ何か一言と頼まれると、私は必ず「継続は力なり」という言葉を書かせていただきます。

スポーツに限らず、勉強でも仕事でも、やり続けることがいかに大切か。私が身をもってそのことを感じたのは、大学生のときでした。

大学時代の恩師、下田先生はよく言われました。

「これ以上できない、限界だと思った後、もう少しだけがんばる。ほんのちょっとの違いだけど、それが1年、そして4年間続けば、大きな差になる」

そして、こうも言われました。

「練習は道場にいる時間ではない。なんとなく体を動かし汗かいて、疲れて満足しても、それでは成長しない。どうすれば強くなれるか常に考え、課題を持って練習しろ。そうすれば、4年経ったとき大きな成果が得られる」

コツ05 長所をさらに伸ばし、自分の武器をつくれ！

人間誰しも、何をするのでも、長所と短所があります。私がレスリングをする上で人より勝っていたのは、スピードがあること。逆に、最軽量級（当時は48キロ級）のなかでも体が小さかった私が劣っていたのは、やはりパワーがないことでした。

長所を伸ばすべきか、短所を補うべきか。どちらを先にするかはとても大きな問題ですが、私は長所を伸ばした後、短所を補えばいいと考えています。

実際、私は現役時代、自分が得意とするスピードを磨き、いかに速く相手の懐に入り込めるか、いかに速く投げられるかに重点を置いて練習し、その後、自分に欠けているパワーをつけるためのウエイトトレーニングをしていました。

その理由は、相手にひとつでも勝るところがなくては勝てないからです。自分の長所、得意技を徹底的に磨いて〝最大の武器〟を持てば、試合を組み立てることができ、この体勢になったら絶対にこの技で仕留められるという〝自分の形〟がつくれます。

また、私はもうひとつの長所、スタミナを最大の武器として戦いました。体が小さいからパワーがない。でも、もともと体が小さいから試合前の減量が少なく、試合でバテることがなかったのです。体が小さいという不利を有利に変える、まさに逆転の発想です。

自分が得意なスピードをフルに使って相手を動かして疲れさせ、後半、人より勝るスタミナを活かして勝負に出る。それが私の必勝法でした。

オリンピック4連覇の伊調馨選手には、〝女子レスリングの最高傑作〟と評される多彩な技があります。一方、オリンピックで金メダル3個・銀メダル1個を獲得し、2019年1月引退した吉田沙保里さんには、〝女子レスリング・ナンバー1〟の高速タックルがありました。彼女たちにはそうした武器があるからこそ、たとえ序盤でミスして失点することがあっても少しも慌てることなく、冷静に次のチャンスを確実にものにして勝利をつかむことができるのです。

コツ06 意思さえあれば、どんな環境でも強くなれる

読者のみなさんのなかには、レスリング経験があり、高い技術力を持つ指導者がいる強豪校とは違って、独学に近い形でレスリングの技術を習得しようとしている人もいると思います。

諦めないでください。逆境は必ず跳ね返せます。「強くなりたい」という意思さえあれば、どんな環境でも強くなることができます。

それが可能なのは、レスリングが1対1で戦う格闘技だからです。

まずは、本書で紹介した技を繰り返し、繰り返し練習してください。反復練習なくして技術は得られません。嫌というほど何度もやって体に覚えさせ、何も考えず勝手に体が動いて技が打てるようになるまで練習しましょう。

次に、その技を自分がやりやすいように、自分の体に合うように微調整して、自分だけのオリジナル技にする工夫をしてください。大切なのは、柔軟性が高かったり、手足が長かったりという自分の長所が最大限活きるようにすることです。

技を身につけるとき、基本はとても大切です。でも、それは唯一の方法ではなく、技にはいろいろな形があります。技を極め、勝つことができれば、それがその人にとって最高の形だということを忘れずに。

人に言われるだけでなく、自分で考え、トコトン突き詰め、ひとつずつ工夫してください。そして、昨日と比べてどれだけ進歩したのか、何がまだできていないのか細かくチェックしてください。

独学できない人は、レスリングでは強くなれません。自分にとって一番のコーチは自分自身なのです。

文：宮崎俊哉（CREW）

PART 1

構え、組み手、崩し

コツ07

基本を覚えよう

基本をしっかりとマスターする

フリースタイルレスリングでは、全身への攻撃が許されている。そのため、多彩なテクニックがあり、それらに対応する防御や返し方を習得していく必要がある。全身を使い、高度な技術を覚えるには基本をしっかりとマスターしよう。

ここでは、レスリングにおいて最も基本となる構え方を始め、組み手、崩し方を紹介する。正しい構えを身につけることで、相手の動きに**すぐに対応できるとともに、自らも素早く仕掛けることができる。**

さらに、組み手では、有利に立つ組み方、劣勢になった場合の対処法を覚える。そして、組んでからの崩し方を覚えることで、その後のテイクダウンや技へ繋げる。これらをマスターすると同時に、両足タックルなど基本的な技術も練習し、実戦で勝てる戦い方を覚えていこう。

POINT 1 構え

構えの基本は、左足を前にした左構えか、右足を前にした右構え。ヒザを曲げ、前傾姿勢になって、顔を正面に向ける。左右前後、どの方向にも素早く動けるように、体重は両足均等にかける。ヒザを伸ばし、腰を高い位置にしたまま構えると、相手に懐に入られやすいので注意しよう。

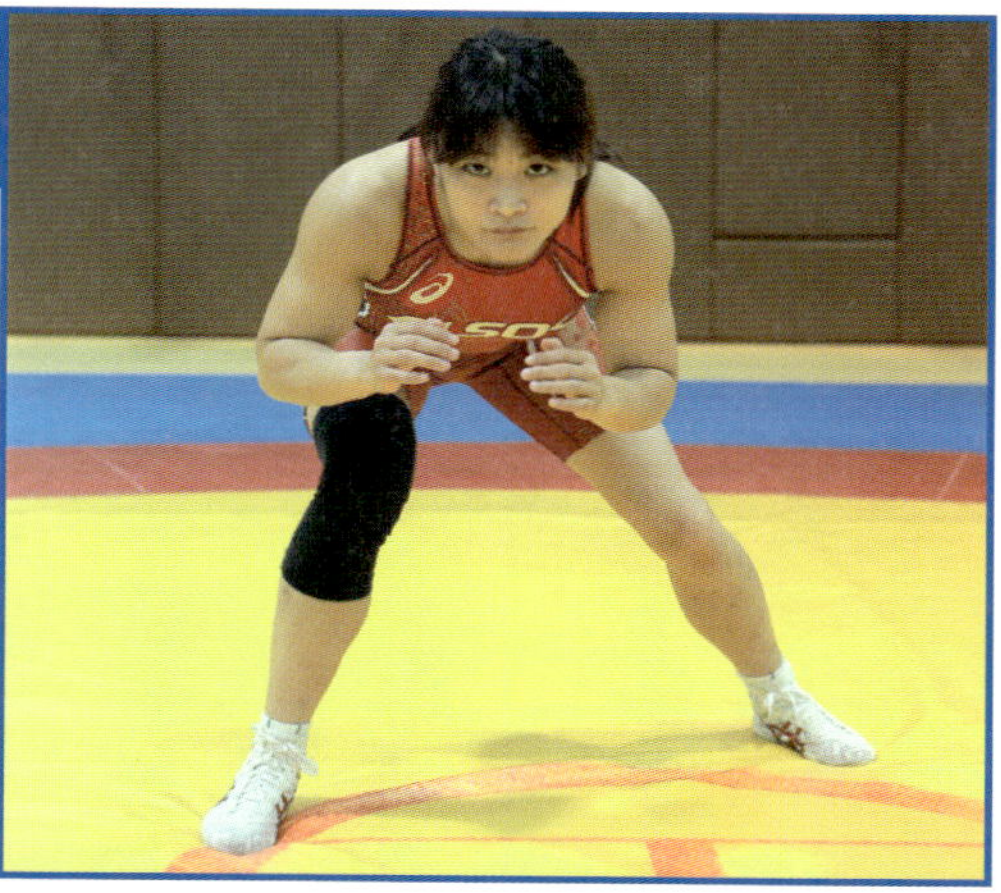

POINT 2 組み手

相手の腕よりも内側から組むのが基本で、この組み方を組めれば優位に進めることができる。外側からしか組めない場合には、腕を入れ替え、内側から組み直す。組み替えが難しい状況では、外から技をかけたり、タックルに入ることになるので、外からの攻撃の仕方も同時に覚えるのが良いだろう。

POINT 3 崩し

こちらから攻撃を仕掛ける前に、相手の体勢を崩して攻撃のチャンスをつくるのが「崩し」。押したり、引いたりして相手の体勢のバランスを崩すことで、そこからの攻撃の幅が広がる。

前後左右に素早く動ける姿勢をとる

足を前後に構え バランス良く動ける態勢

レスリングの構えには「右構え」と「左構え」、「平行スタンス」がある。**右足が利き足の場合、右足を前に出して構え、左足で蹴って前に出ることが多い。**左足が利き足の場合は、左足を前に出して構える。

構えは腰の高さ、足の開き具合など身長や体格、柔軟性によっても変わってくるので、自分がスムーズに動ける構えを見つけることから取り組んでみよう。

また試合では対戦する選手の構えによって、組み合わせが変わってくる。お互いに左構えか右構えの場合は「相四つ」、右構えと左構えが向き合うことを「ケンカ四つ」という。

POINT 1 相四つ

両者ともに右構え、もしくは左構えの状態を「相四《あいよ》つ」と呼ぶ。POINT②で示す「ケンカ四つ」とともに、レスリングではもっとも一般的な構えの組み合わせだ。右構え同士ならば右方向に動くとタックルに入るタイミングがとりやすくなる。

POINT 2 ケンカ四つ

右構えと左構えの組み合わせを「ケンカ四つ」と呼ぶ。ケンカ四つの場合、お互いの足が近くなる。そのため足へのタックルが入りやすい反面、相手からのタックルも警戒しなければならない。片足タックルを戦略の軸にした駆け引きが必要になる。

POINT 3 ヒザを曲げ ワキを締める

ヒザを曲げワキをしっかりと締めて、前傾姿勢をとることで、相手からタックルを受けた場合にもすぐに腰を落として対応することができる。体重はどちらの足にも均等にかけ、相手に合わせてすぐに動けるよう意識する。

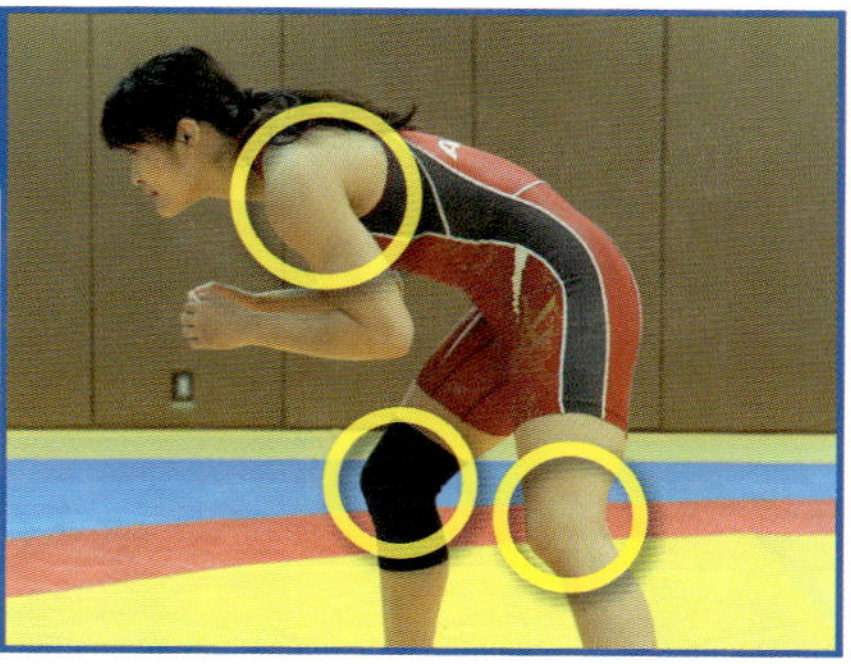

+1 プラスワンアドバイス

ヒザを曲げて ワキを締める

ヒザを曲げずに棒立ちの状態になってしまうと、タックルに入られやすく、懐に入られやすいので注意しなければならない。ワキを締めることも大切だ。

内側から組んで有利に試合を進める

CHECK
相手の内側から組む方が有利

組み手は内側からが基本

レスリングの試合は、まず組むことから始まる。そのため、どのような形で組むのかが非常に重要になる。**組み合うときは、基本的には右手も左手も、相手の内から組む方が有利となる。内から取れるよう動くことが最大のポイントといえる。**

外から仕掛けることも可能だが、内からに比べて劣勢に陥る可能性も高い。そのため、内から組むことができなかった場合には、有利な体勢に持っていくために組み手を改めて替える「組み替え」を行うとよい。

また、本書では外から仕掛ける方法や対処法も紹介しているので、それらを参考に、外からの一手を覚えておけば、試合時に活用することができるだろう。

CHECK
外から組むときは
相手のヒジを
押さえる

POINT 1 左相四つからの内からの組み手

組み手には左右の構えによる組み合わせの違いや、ケンカ四つなどのバリエーションがある。写真はお互いが左構えからの相四つ。内から組んでいる高谷選手(赤)が有利な体勢となる。

POINT 2 内から組めなかったら相手のヒジを押さえる

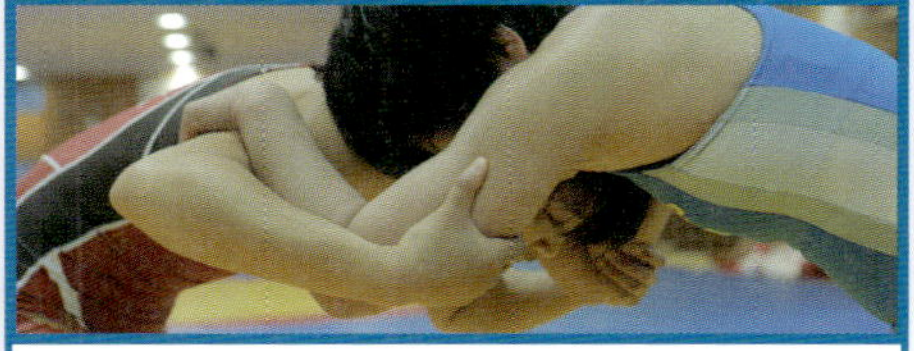

通常、内から組んだ方が有利とされるが、最初の組み手で内からとれなかった場合には、相手のヒジをしっかりと押さえて相手を制することが大切となる。その後、次の展開に持っていくことを考えて、冷静に対処すること。

相手の力を利用して引き落とす

引き落とし
内から組んで、
相手を押し込む。
相手が押し返してきたら、
上腕部と後頭部を
引き落とす。
タイミングを合わせることで
崩しやすくなる。

押してきた力に合わせ引いて崩す

タックルに入る前の段階で、相手の体を動かし、バランスを崩させることを「崩し」と呼ぶ。

基本となる崩し方は、相手を前に引き落とす方法だ。この際のポイントは、相手の力を利用すること。力任せに相手を引くのではなく、まずは相手を押し、押し返してきたところでその力に合わせて引き落とす。

頭を落としたり、横に振ったりと様々なバリエーションを持って相手を崩す。

基本さえ押さえていれば、応用技の全てをマスターする必要はないが、多種多様な崩し方を習得することで実戦に役立てることができるため、数多くの崩し方を覚えておきたい。

外から組んだ崩し

内から組んできている相手に対し、
外から腕を巻きつける。

体を開きながら横に振る。

相手の腕が外れたら、
しっかり後ろへ回る。

横に振る崩し

内から組む。

相手の後頭部と上腕を引き、
正面に落としながら、横に振る体勢をつくる。

相手が前に落ちてきたところを横に振る。

+1 プラスワンアドバイス

ヒジを横に振る

内から組んでいる相手に対して、相手が前に出てきたところを自分の体を開きながら横に振る。

腕を差し込み相手のワキを空けさせる

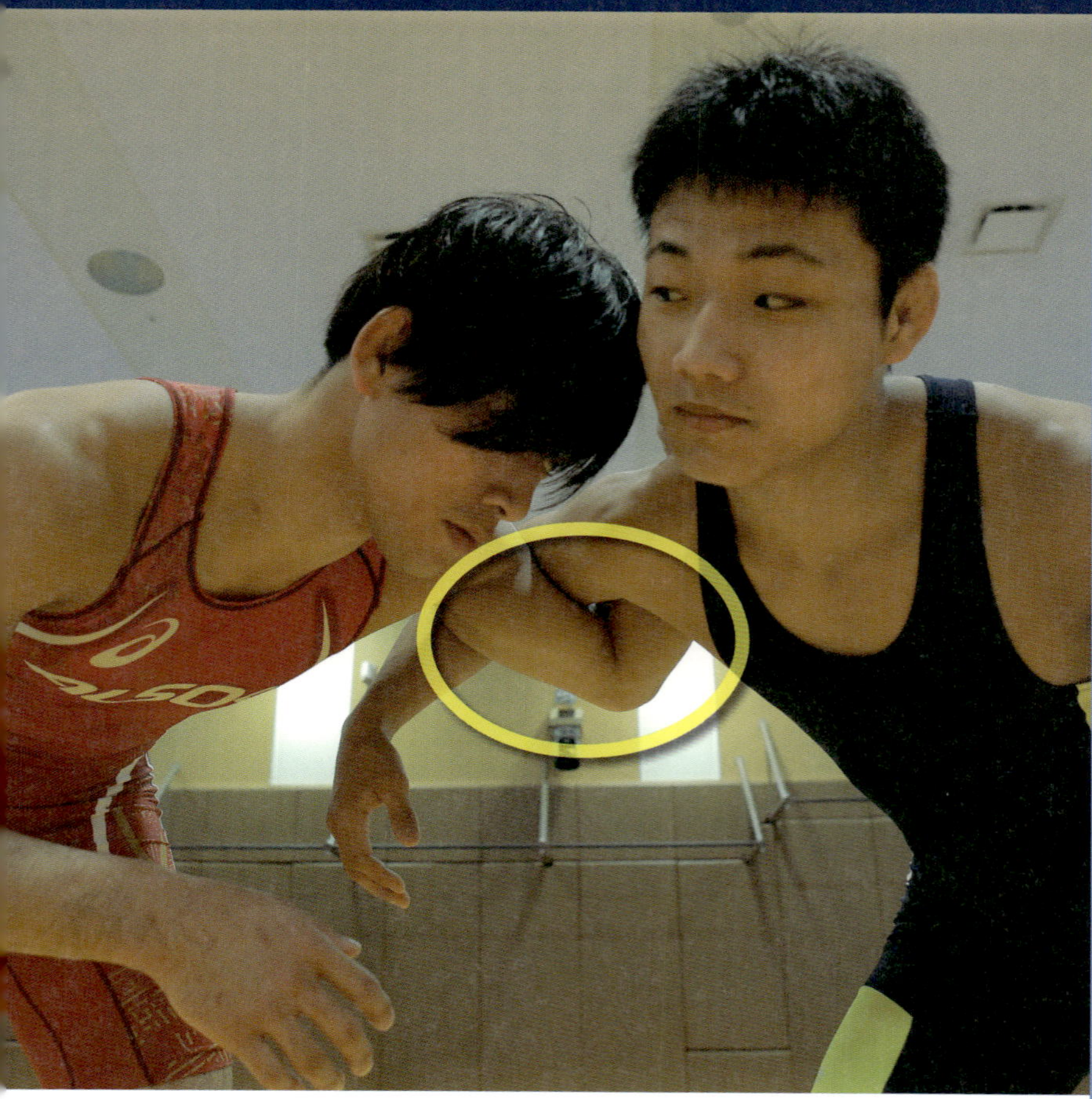

腕を相手のワキの下に差し込む

接近戦の際に、相手のワキに腕を差し込むことを「差し」と呼ぶ。

腕を差したら、相手のワキを空けさせ、自分に優位な体勢に持ち込み、その後の技を展開していく。ただし、相手がワキを締めて差した腕が殺されてしまうと、一気に劣勢になってしまうので注意が必要だ。相手のワキはこじ開けて優位な体勢を保つ。

+1 プラスワンアドバイス

相手にワキを締めさせない

腕を差し込んだ後、相手がワキを締めてしまうと腕が殺され、一気に不利な体勢になってしまう。自分が有利になるよう、相手のワキを空けさせることが大事。

相手のワキの下に腕を差し込んだ状態から崩すには、腕《かいな》を返すことがポイントだ。

差しからの横崩し

左手を相手のワキに差す。

差してから腕《かいな》を返す。

手のひらの甲を
相手の背中につくように返す。

相手のバランスが崩れているので、
すばやくバックを取りにいく。

伊調スペシャル

相手の手をとって崩すやり方は実践でも活用しやすい。崩したらそのまま片足タックルに入る。

手を取って崩す

内から組む。

右手で相手の左腕をとり、横へ振る。

大きく横へスライドしながら
片足タックルへ入る。

手で相手の足首を
コントロールする。

+1 プラスワンアドバイス

手取りの崩しから片足タックルへの攻撃技

手取りをして相手が向き合ってきたら、持っている手と反対側の足に、片足タックルに入ることがポイント。そうすることで相手の警戒の裏をつくことができる。

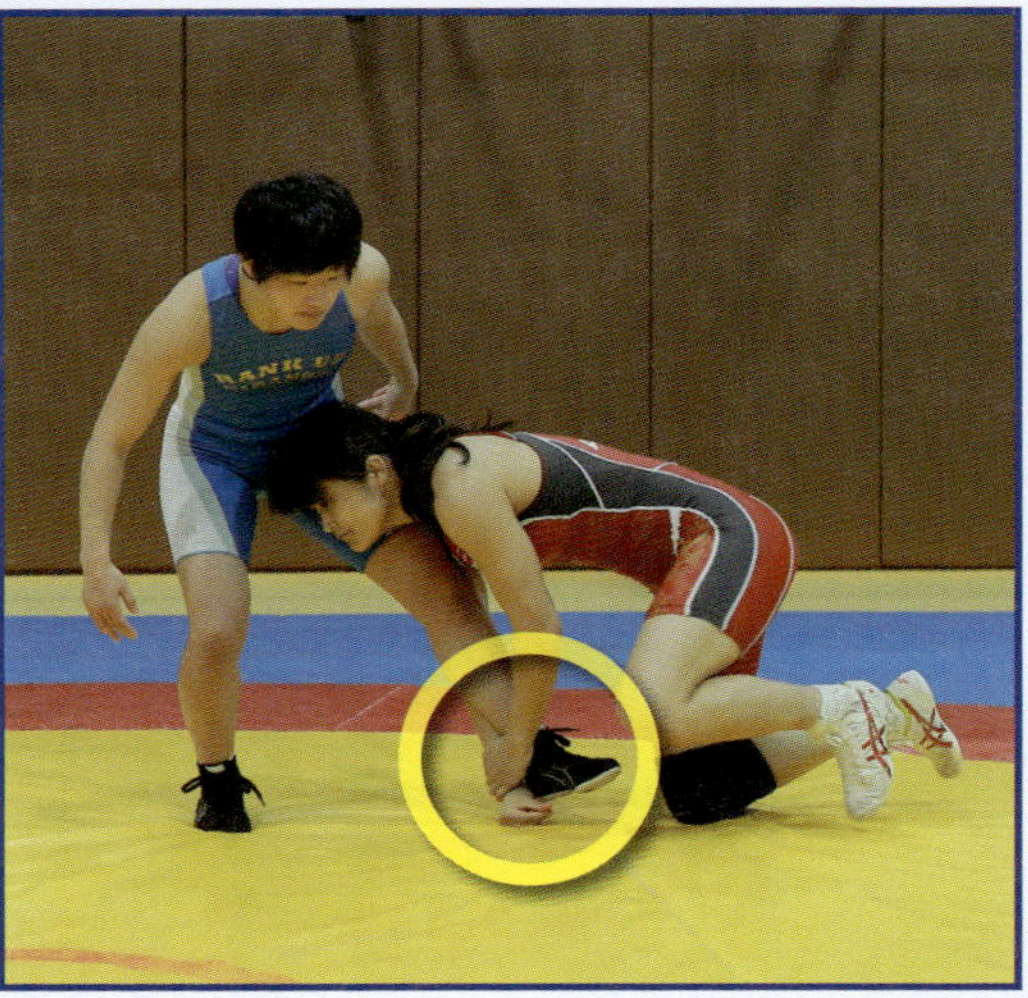

高谷スペシャル

リーチの長さを利用した崩し。
高谷選手がもっとも得意とするタックル。

リーチを生かした崩し

相手の頭を下に落とす。

相手の頭があがってきたら
飛び込む体勢をつくる。

隙ができた瞬間を狙って
タックルに入る。

タックルに入る瞬間の
スピードとタイミングが
成功のポイント。

PART 2

スタンド

コツ12

スタンド技術をマスターしよう

相手を倒すための スタンド技術を覚える

レスリングは、「相手の両肩をマットにつける（＝フォール）」ことで勝敗を競う競技だ。勝利を掴むためには、まずは相手を倒さなければいけない。試合は当然ながらスタンドの状態から始まるため、**いかにして相手を倒すのかが、キーポイントとなる。そのため、まずはタックルをマスターし、スタンド技術を磨くことが重要になる。**

本書では、スタンド技術として、両足タックル、片足タックル、投げ技を紹介する。それぞれ、数パターンの仕掛け方を掲載するので、状況に応じて使い分けたい。

さらに、レスリングでは仕掛け方を覚えると同時に防御方法を習得することも非常に大切となる。相手に決めさせせないための技術もマスターしよう。

POINT 1 両足タックル

レスリングにおいて、もっとも基本的な技でありながら、もっとも奥深いともいわれる。数々の技の中で、一番最初に習うのもタックルだ。両足タックルを完全にきめることができれば、ポイントを確実に奪うことができる。

POINT 2 片足タックル（頭を外）

頭を外にして相手の懐の片足に入るタックル。テイクダウンを奪う技として欠かせないテクニックだ。両足タックルと同様に懐に入ることが大切。

POINT 3 投げ技

決めることができれば、一気にビッグポイントをとることができ、またそのままフォールにも持っていける大技。1種類でも自分のものにすることができれば、試合において大きな武器となるだろう。

+1 プラスワンアドバイス

防御の技術もマスターしよう

いずれの技も、仕掛ける技術を磨くだけでなく、防御の仕方を覚えることも大切。実戦では、ポイントを奪うと同時に、奪われないように攻めながら守る必要がある。防御の技術を向上させることで、より攻撃が冴えてくる。

コツ 13

両足タックル

強く当たり真後ろに倒す

相手のヒザ裏を
しっかり極めて、
胸で当たる。

胸を相手に密着させながら
右足を大きく踏み込む。

相手を真後ろに倒す。

前傾姿勢になって、
前に一歩踏み込む。
直線的に動き、
相手の懐に入り込む。

+1 プラスワンアドバイス

相手のヒザ関節裏をしっかり極める

相手の懐に入り込んだら、両手を相手のヒザ関節に引っ掛けるようにして相手を倒す。この際、自分の腕を相手のヒザ関節裏に巻き付けるようにして極めるとよい。

胸で当たって真後ろに倒す

レスリングにおいて、もっとも基本といえる技が両足タックルだ。レスリングを習った場合にも、一番最初に覚える技でもある。

基本の両足タックルは、相手のワキに頭を入れて、強く当たりにいく感覚で、真後ろに倒すのがポイントだ。両手は相手のヒザ関節裏をしっかり極めることが大切だ。

両足タックルは、タイミングが合い、深く入り込むことができれば、相手を確実に倒すことができ、また一気にポイントをとることができる。しかし、その分、確実に決めるのが難しい技でもあるので、基本はしっかりとマスターしたい。

正面タックルは真後ろに倒すほか、横に変化をするパターンも必要だ。

横に振って倒す

相手の懐に踏み込む。

相手のワキの下から
頭をくぐらせて、
胸を当てる。

両手で相手の
両足をしっかり極める。

左足を横に大きく
一歩踏み出す。

そのまま体重を
左側にかけて倒す。

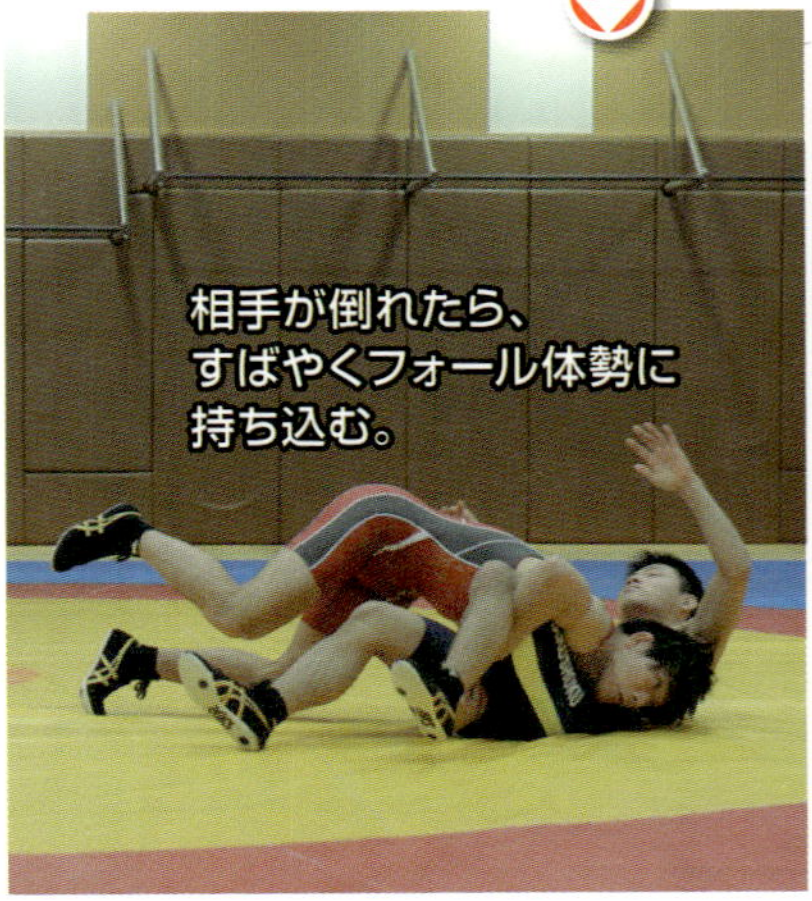
相手が倒れたら、
すばやくフォール体勢に
持ち込む。

相手がバックステップでディフェンスした場合、前にも押せず横にも振れない場合には、ひねって倒す。

バックステップする相手をひねって倒す

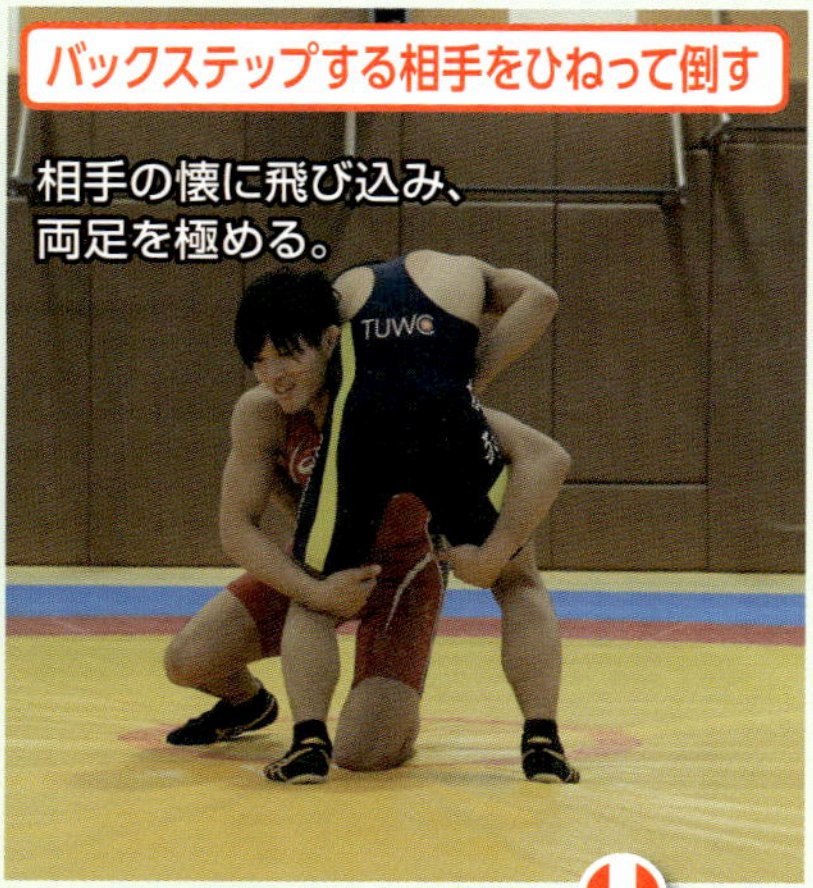
相手の懐に飛び込み、
両足を極める。
TUWC

相手がバックステップしたため、
このままでは倒せない状態。
TUWC

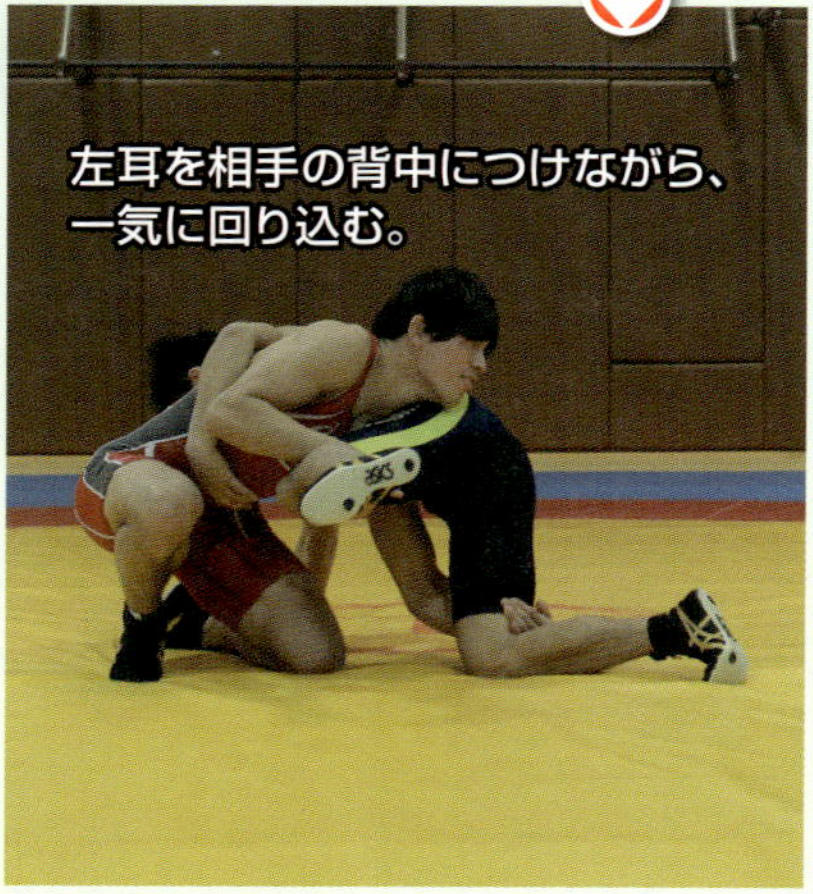
左耳を相手の背中につけながら、
一気に回り込む。

倒しながら、
相手のバックを
とりにいく。

+1 プラスワンアドバイス

相手のヒザ関節をコントロールする

バックステップでタックルをディフェンスした相手に対しては、ひねりながら倒すことでバックをとる。その際、ヒザ裏をしっかりとコントロールすることが大切となる。

コツ 14

持ちあげて倒す

空中で両足をコントロールしながらフォールする

両足タックルから一気に相手を持ちあげ、ビッグポイントを狙う。

相手の懐に入り、両足をとる。

相手のモモ裏を抱えて持ちあげる。

空中で両足をしっかりと抱え込む。

相手を持ちあげたら、相手の両足を右手でコントロールし、横へ振る。

+1 プラスワンアドバイス

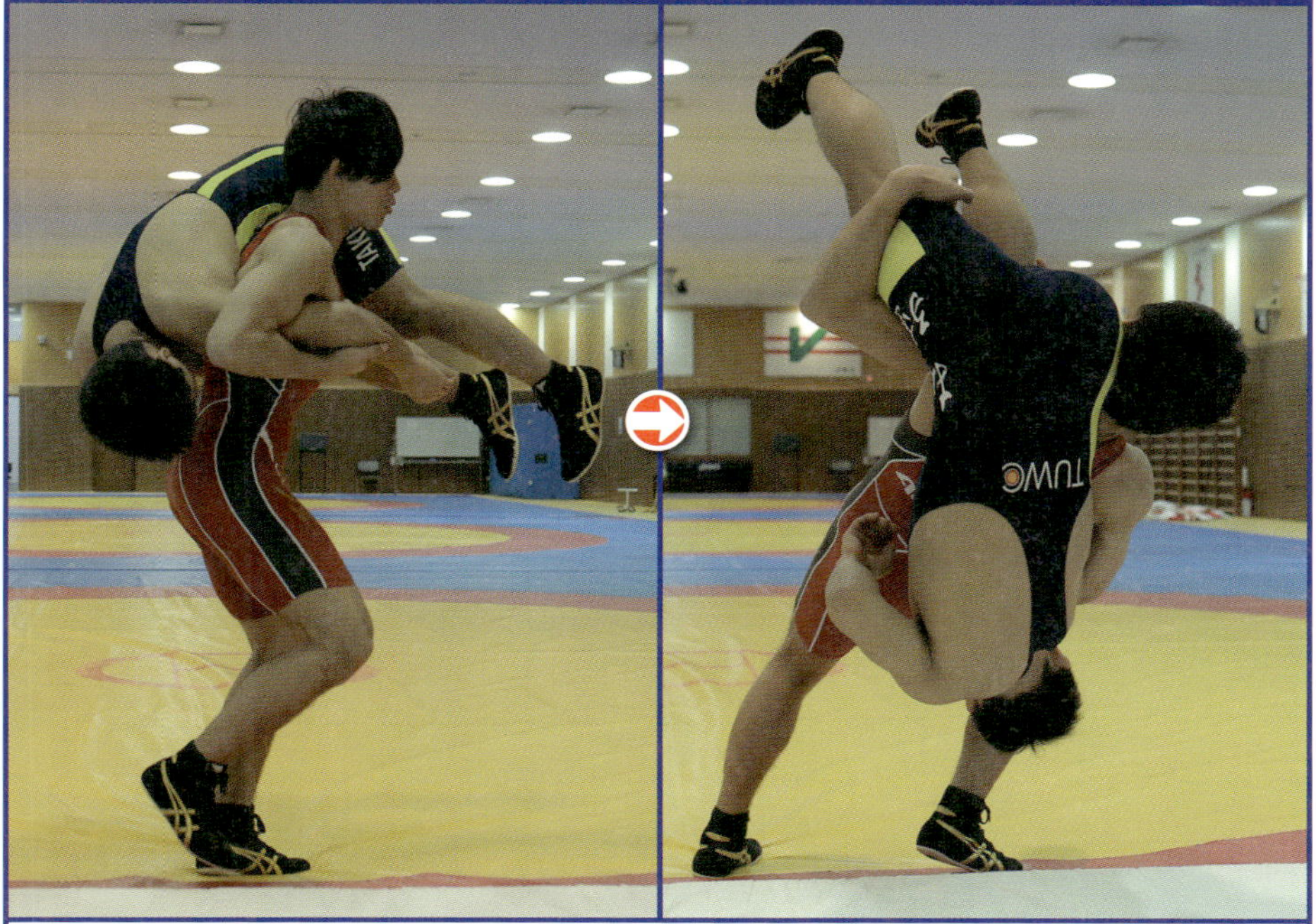

真後ろに投げる

相手の腕をしっかりワキで極め、一気に真後ろに返りながら投げる。相手の両足をうまくコントロールできない場合は、状況判断から真後ろに投げる方法も必要になる。

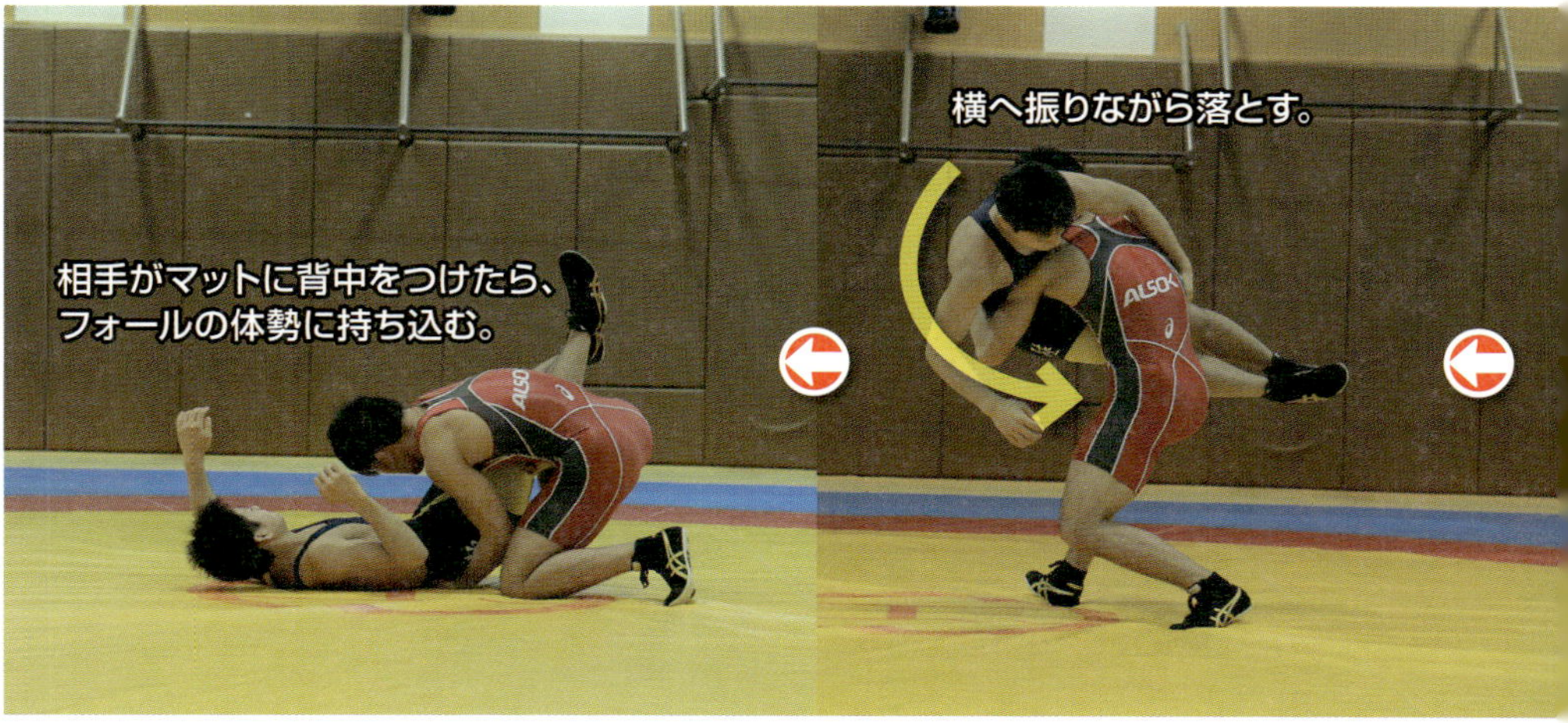
横へ振りながら落とす。
相手がマットに背中をつけたら、フォールの体勢に持ち込む。

コツ15

腕を極めてからタックルに入る

相手を横に振りながら、タックルに入る。

相手の防御が強固で懐に入ることができないため、相手の左手を極め、横に振る体勢をつくる。

横に振った腕の上から胸をつけてタックルを仕掛ける。

腕を極めたまま、押し込む。

相手の左腕を動かせない状態にする。

別アングル
体を密着させる。

相手が倒れても腕を極めたままにして、
次の体勢に移行する。

POINT 1 相手の左腕に自分の肩をつけ密着させる

相手の左腕を動かせない状態にするために、肩を相手の体に密着させる。

POINT 2 相手の腕を殺すことで倒れた後も有利な体勢に

左腕を殺すことでタックルが決まった後も、有利な体勢を維持することができる。相手が倒れても腕は極めたまま、次の技に移行する。

高谷スペシャル

高谷選手の長いリーチを活かし、足首からカカトをとるすばやいタックル。

頭を押さえてすばやくタックルに入る

相手の頭を押さえてさげる。

低い位置から
タックルに入る。

相手のアキレス腱辺りを極める。

足首からカカトを極めたまま、
強く当たる。

相手は逃げられず、
そのまま後ろに倒れ込む。

POINT 1 カカトを押さえることで逃げることができない

低いタックルで、相手の両カカトや足首を極めることで、相手は足を後ろに引くことができなくなる。尻もちをつくように倒れ込むしかなくなるため、タックルが極まりやすい。高谷選手が得意とするタックルの一つだが、彼のような長いリーチを持った選手ができる技でもある。

伊調
スペシャル

両足タックル後に4の字固めを極める

両足タックル後、４の字固めを仕掛ける。すばやく手を持ち替えて足を極めるのがポイント。

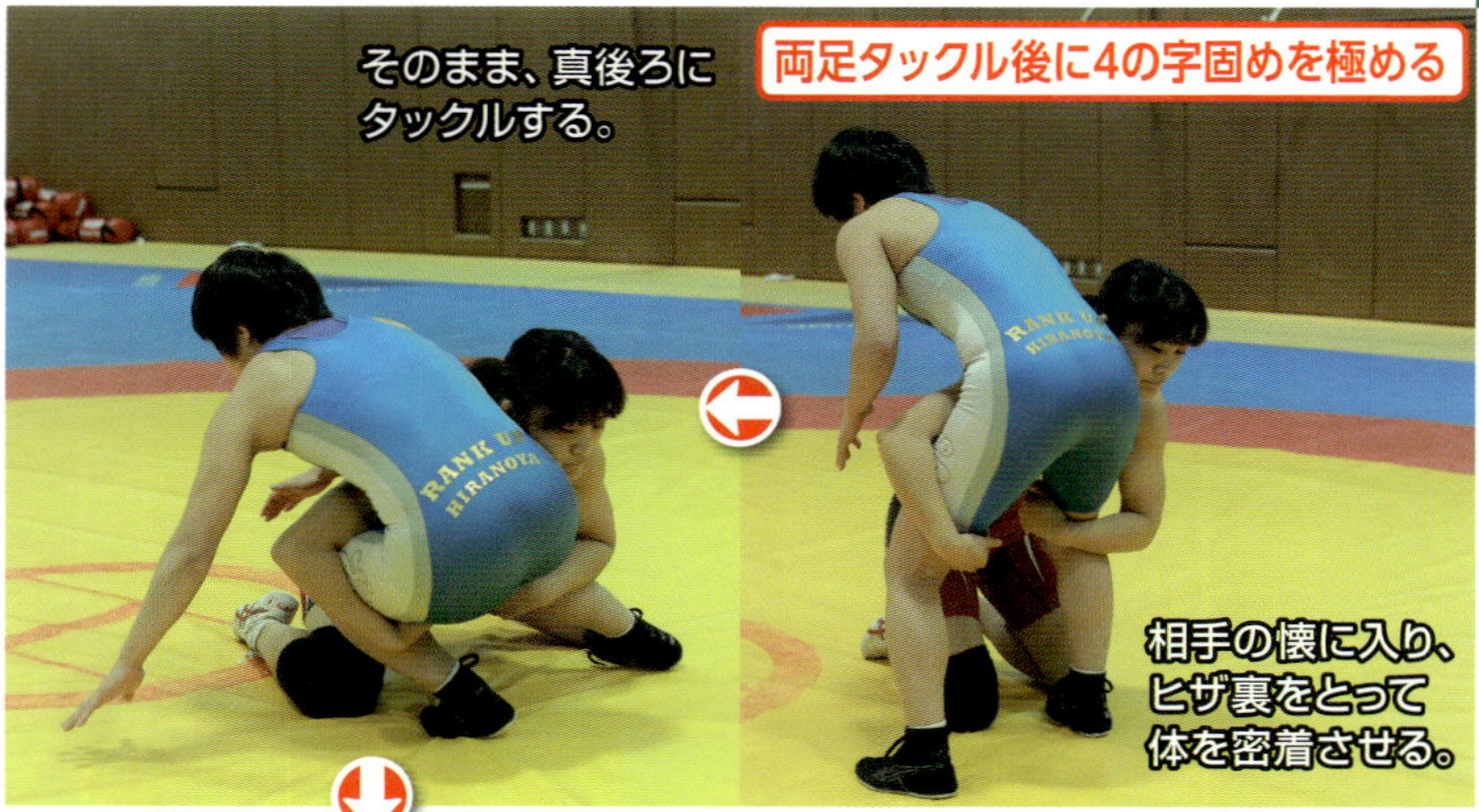
そのまま、真後ろに
タックルする。
相手の懐に入り、
ヒザ裏をとって
体を密着させる。

相手が腹ばいに倒れたら、
相手の右足の下から相手の左足を引きつける。

引きつけた足首を
太モモに乗せて
コントロールする。

相手のヒザを折りながら
4の字固めの体勢に入る。

相手の体を反転させて、
上半身を押さえ込む。

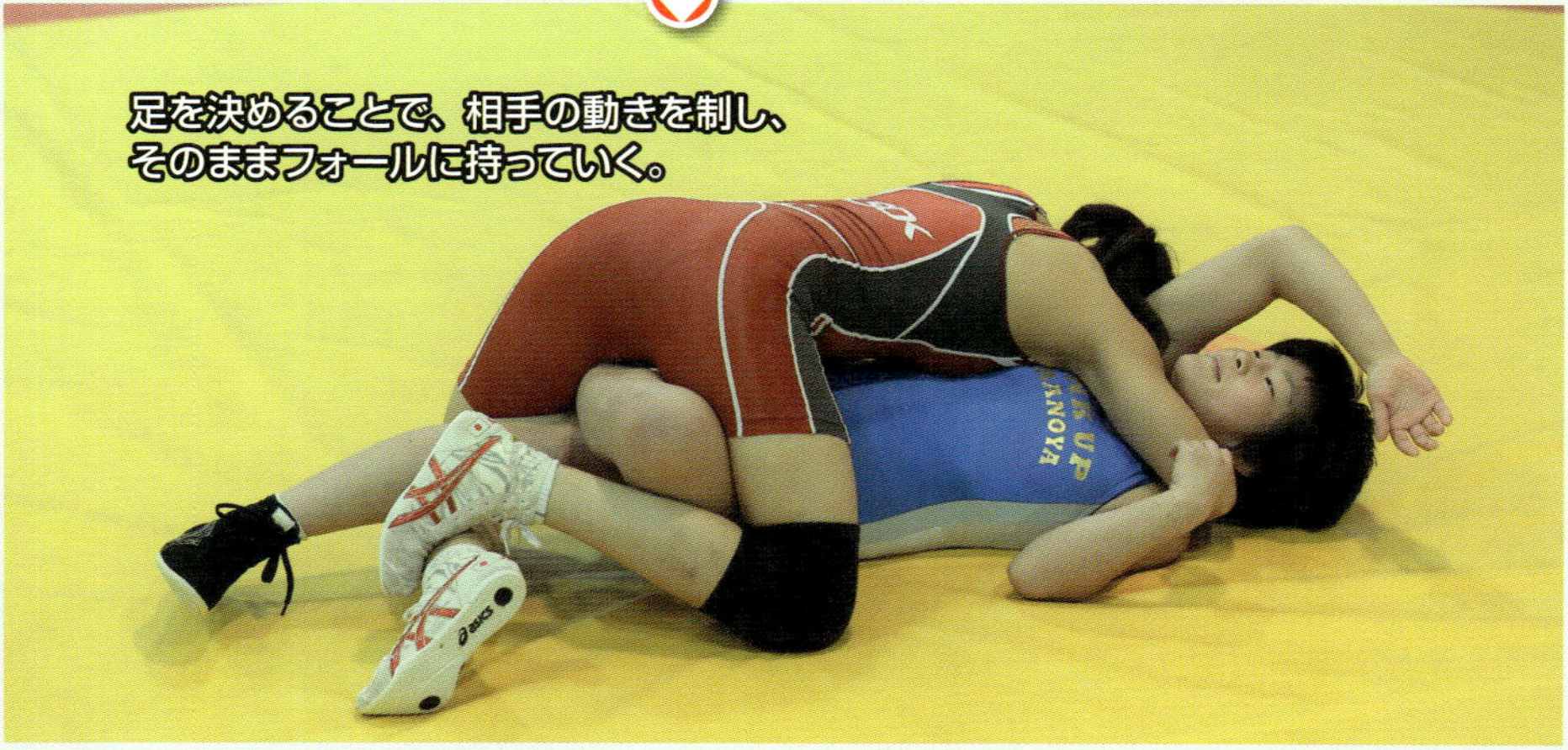

足を決めることで、相手の動きを制し、
そのままフォールに持っていく。

伊調スペシャル

テイクダウン後、すばやく連続技で仕掛ける。
相手を回転させてポイントを稼ぐ方法も考えられる。

両足タックルからのテイクダウン

両足を極めてタックルに入る。

相手の懐に素早く入り込む。

相手がうつ伏せになったり、横に崩れてしまったら、
そのまま相手の足をコントロールする。

テイクダウンしたら
足の横につく。

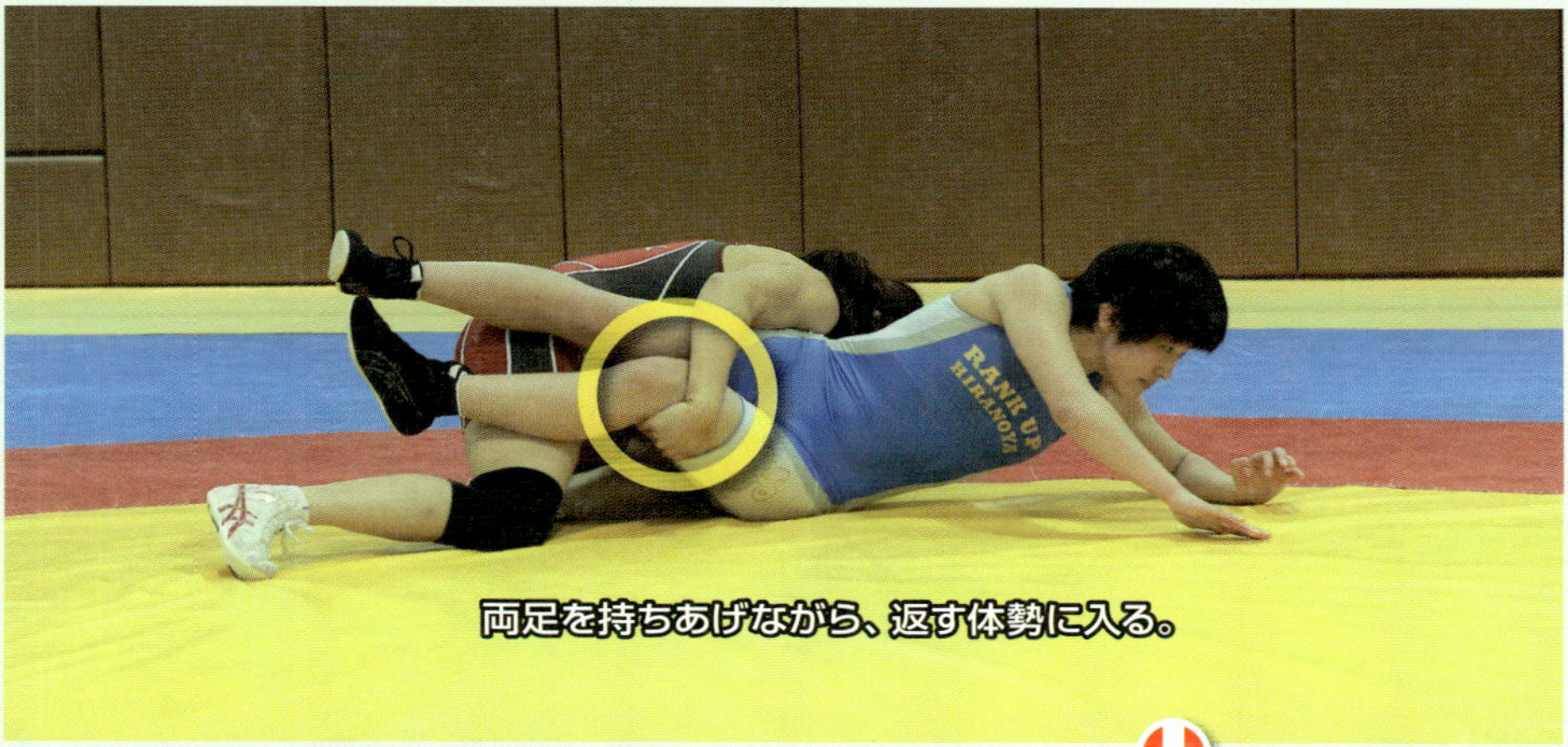

両足を持ちあげながら、返す体勢に入る。

相手の足を高くあげる。

両足をコントロールしながら
回転する。

バックステップで相手から離れる

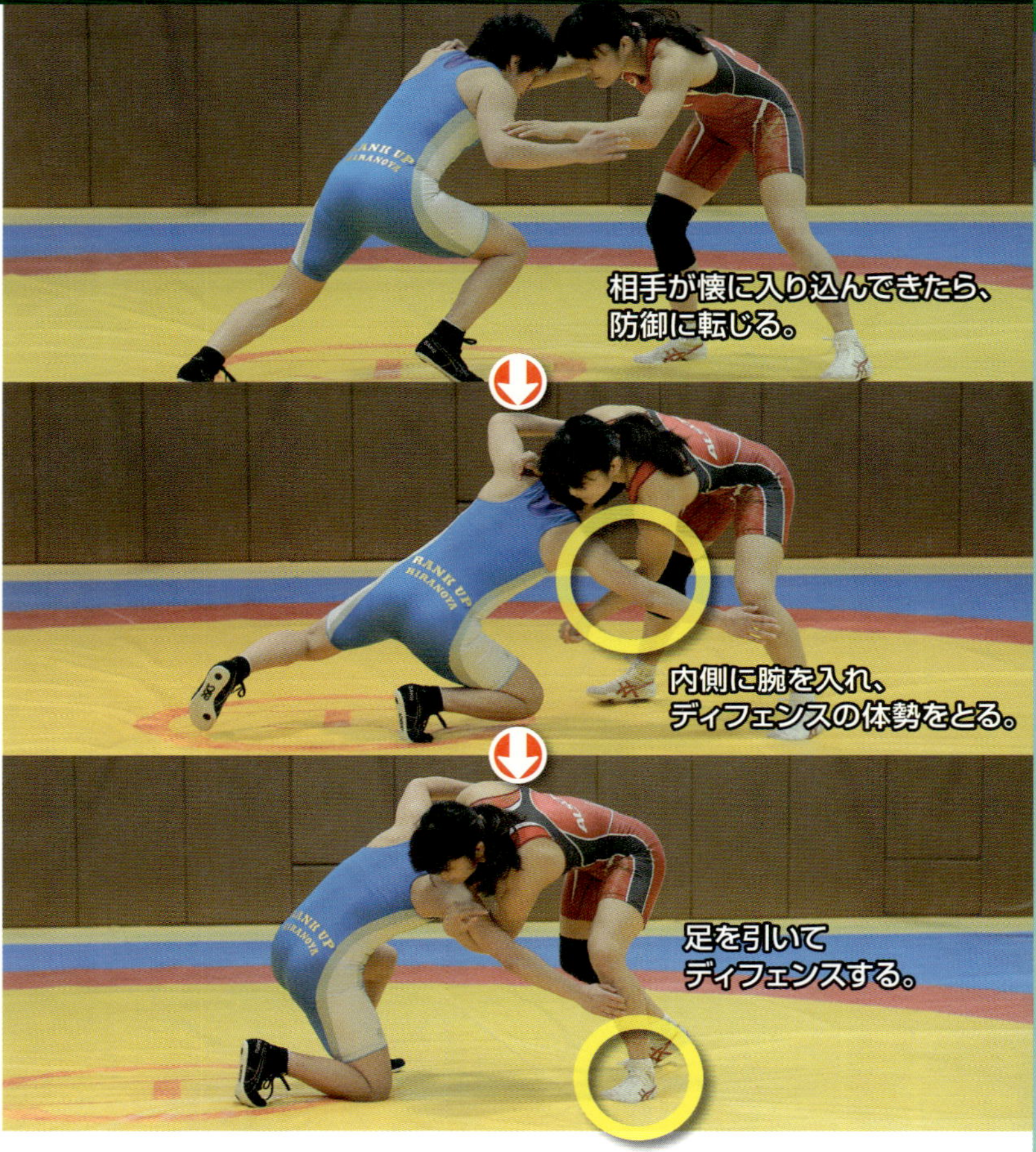
相手が懐に入り込んできたら、
防御に転じる。
内側に腕を入れ、
ディフェンスの体勢をとる。
足を引いて
ディフェンスする。

すばやく反応してディフェンスに入る

相手に懐に入れさせないために、すばやくバックステップで反応する。**このバックステップができないと、相手に足をとられて攻撃されてしまう。**しっかりマスターしておこう。

POINT 1 相手を懐に入れさせない

内側に手を入れることにより、相手が懐に入らないようにする。相手の動きをしっかり止める。

バックステップで相手から体ごと離れるときは、相手の顔をきることにより、ディフェンスしやすくなる。

バックステップで相手から離れる

相四つで組み合う。

ワキを締めバックステップで
ディフェンスする。

相手の顔を切りながら
相手から離れる。

POINT 2 相手の顔をきって バックステップする

まっすぐタックルにくる相手の顔をきることにより、相手は前に進みにくくなる。

コツ 17

片足にしっかり当たり相手の足首をコントロール

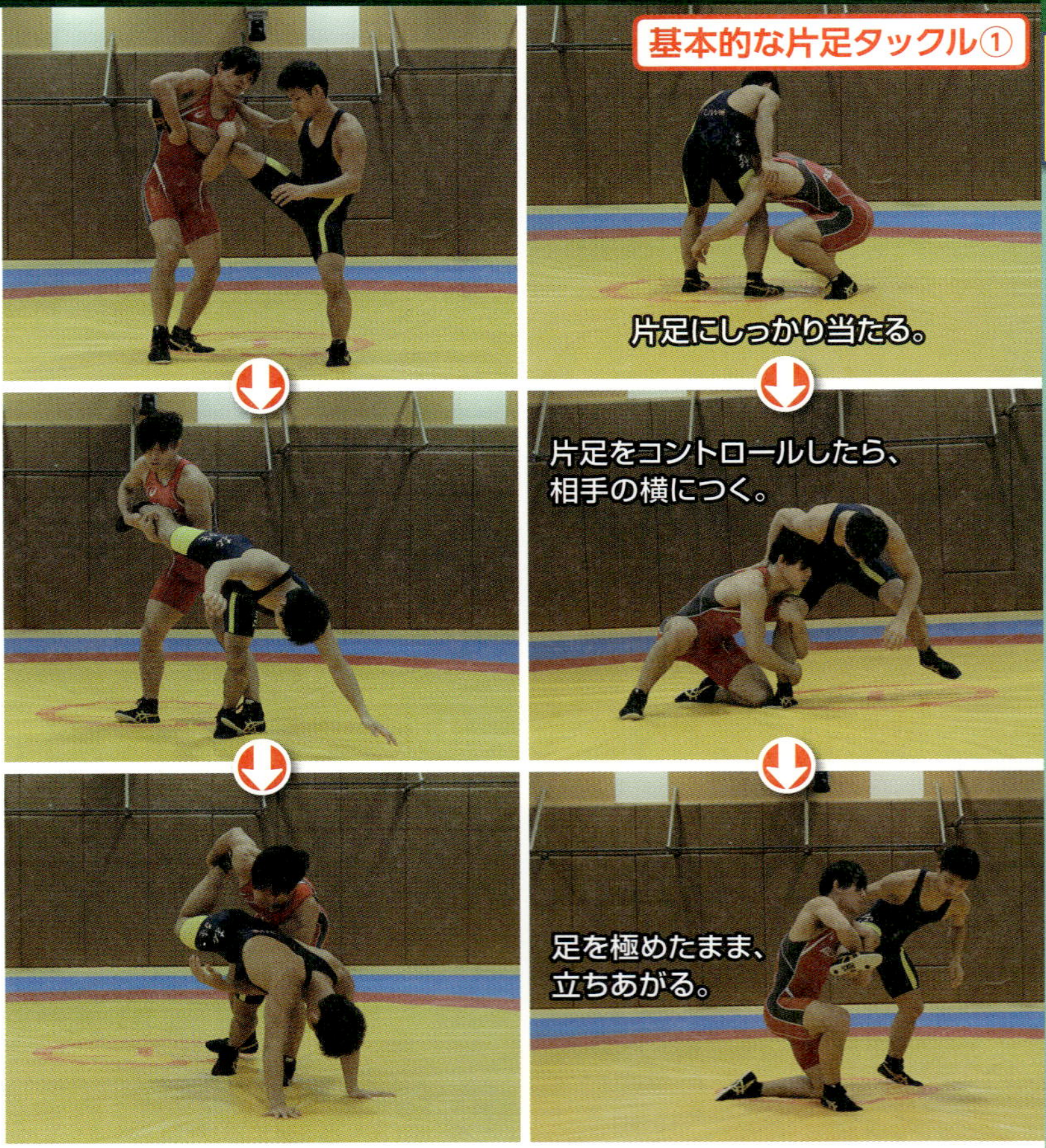
基本的な片足タックル①
片足にしっかり当たる。
片足をコントロールしたら、
相手の横につく。
足を極めたまま、
立ちあがる。

肩を相手の太モモに密着させる

片足タックルは、両足タックルと違い、二段階の行程が必要となる。**足をとったら、自分の方に引いたり、横に動かしたりと相手を揺さぶって倒すのが基本だ。**様々なパターンを覚えて実戦で活用したい。

POINT 1 右手で足首をとり 左手でヒザをとる

片足タックルは右手で足首をとり、左手でヒザをとる。左肩を相手の太モモにつけることもポイント。

同じ片足タックルでも、選手によって違いがある。伊調選手ならではの動きをチェックしよう。

基本的な片足タックル②

タックルに入る
タイミングをはかる。

低い姿勢で相手の片足に入る。

肩を相手の太モモに
当て、左足首を
両手でとる。

立ちあがりながら、
ワキで相手の足首を
コントロール。

相手のヒザを抱えて引いたら、足首に持ち替えてバランスを崩して倒す。

引いて持ち替える
両腕で相手の
片ヒザをとる。
右手を足首に
持ち替える。
引いて倒す。

ヒザ関節を極めてから、引いてポイントをとる。

引いて倒す
両腕で相手の片ヒザをとる
相手のヒザを引いて、
バランスを崩す。

伊調スペシャル

片足タックルに入ったら、相手の足首をコントロール。

基本的な片足タックル③

タックルのタイミングを見計らう。

相手の足首を自分の足の付け根辺りに乗せる。

低い姿勢で、相手のヒザと足首をとる。

足首をコントロールして横につく。

とった足を自分の方へ引きつける。

+1 プラスワンアドバイス

とった足首を自分の足の付け根に乗せる

左手で相手の足首をとったら、自分の足の付け根に乗せてコントロールする。こうすることで、相手は足が一本殺された状態になり、動きが制限される。

伊調スペシャル

コテ（上から抱え肩を極める）を極められた場合には、片手で相手の足首をコントロールして立ちあがる。

コテを立ちあがって返す

タックルに入ろうと低い体勢になる。

タックルに入り、相手の足首をとる。

相手がコテを極めて
ディフェンスをする。

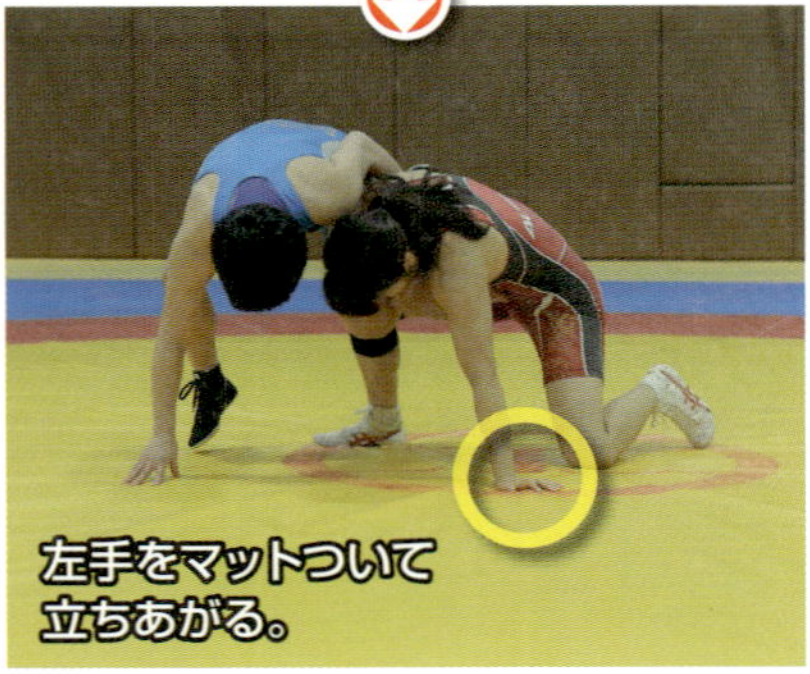
左手をマットついて
立ちあがる。

立ちあがったら、
すぐにまた相手の足首を
ワキでコントロール。

+1 プラスワンアドバイス

左手をマットについて体を支えて立ちあがる

コテを極められていると、動きが制限され、自由に動くことができない。そこで一度、足から左手を離し、マットについて体を支えて立ちあがろう。その際、右手は相手の足首をしっかりとコントロールしておくこと。

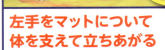

コテを決められ、ディフェンスされた場合の対処法。
右足で相手の足をブロックしながらバックに回る方法もある。

低い体勢で
相手の懐に
入り込む。

タックルに入ったが
相手にコテを極められる。

右足で相手の左足を
コントロールする。

相手の足を固定したまま、
腕を前に振る。

+1 プラスワンアドバイス

足をブロックして腕を大きく振る

右足で相手の足をブロックしたら、腕を大きく前に振ることがポイント。そうすることで相手は支えを失い、バランスを崩して前に落ちる。

片足から両足タックルへの変化。

片足から両足タックルへの変化
片足に入る。

ヒザをコントロールしながら
少し手前に引く。

タイミングを合わせて
両足タックルに持ち替える。

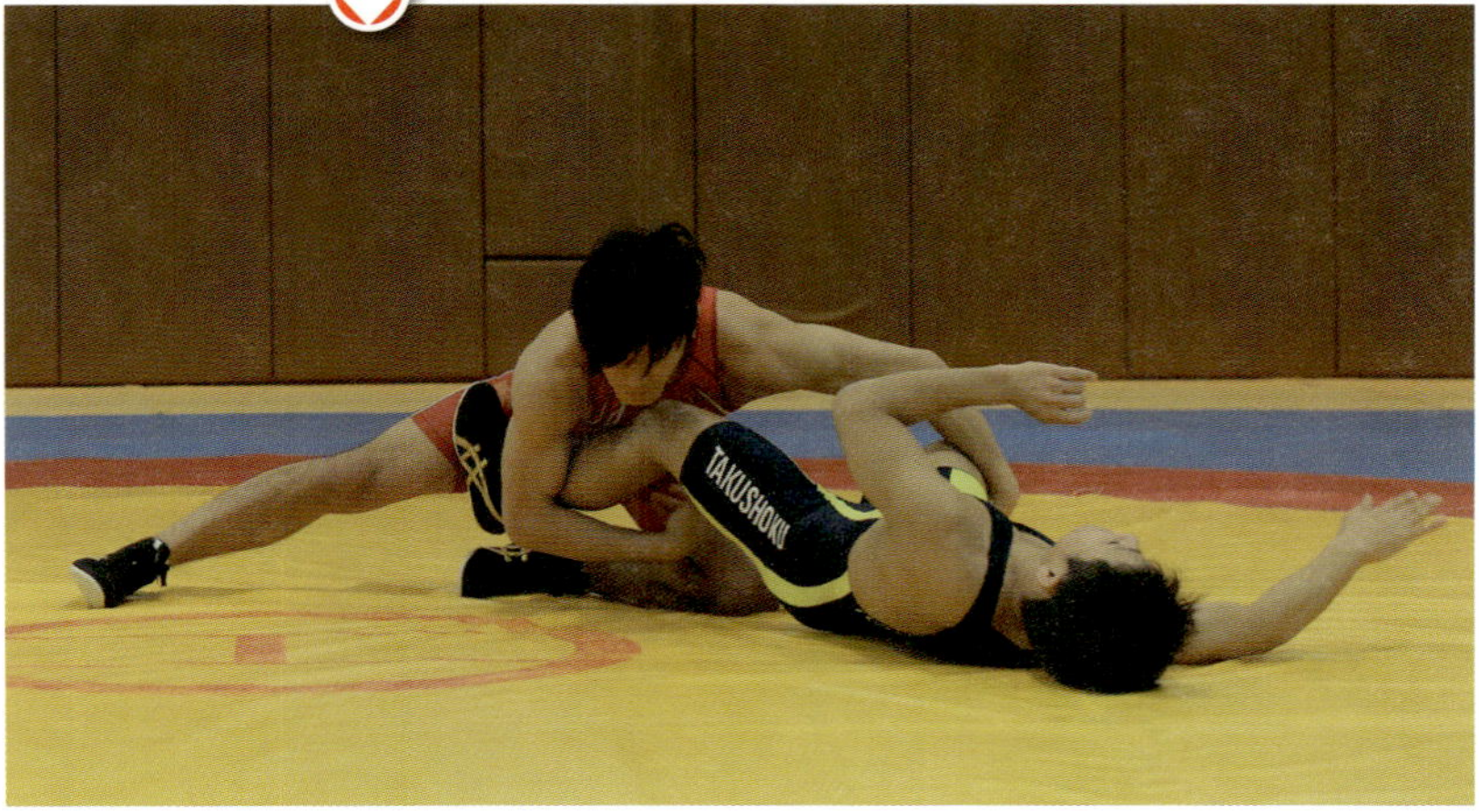

高谷スペシャル

低いタックルから相手をかつぎ、回転をしながらバックをとる。

低いタックルから回り込む

体勢を低くし、
タックルに入る。

相手の右足首を
コントロールする。

右手で支えながら、
相手をかつぐ。
ALSOK

右足を
一歩出して
回転する。
ALSOK

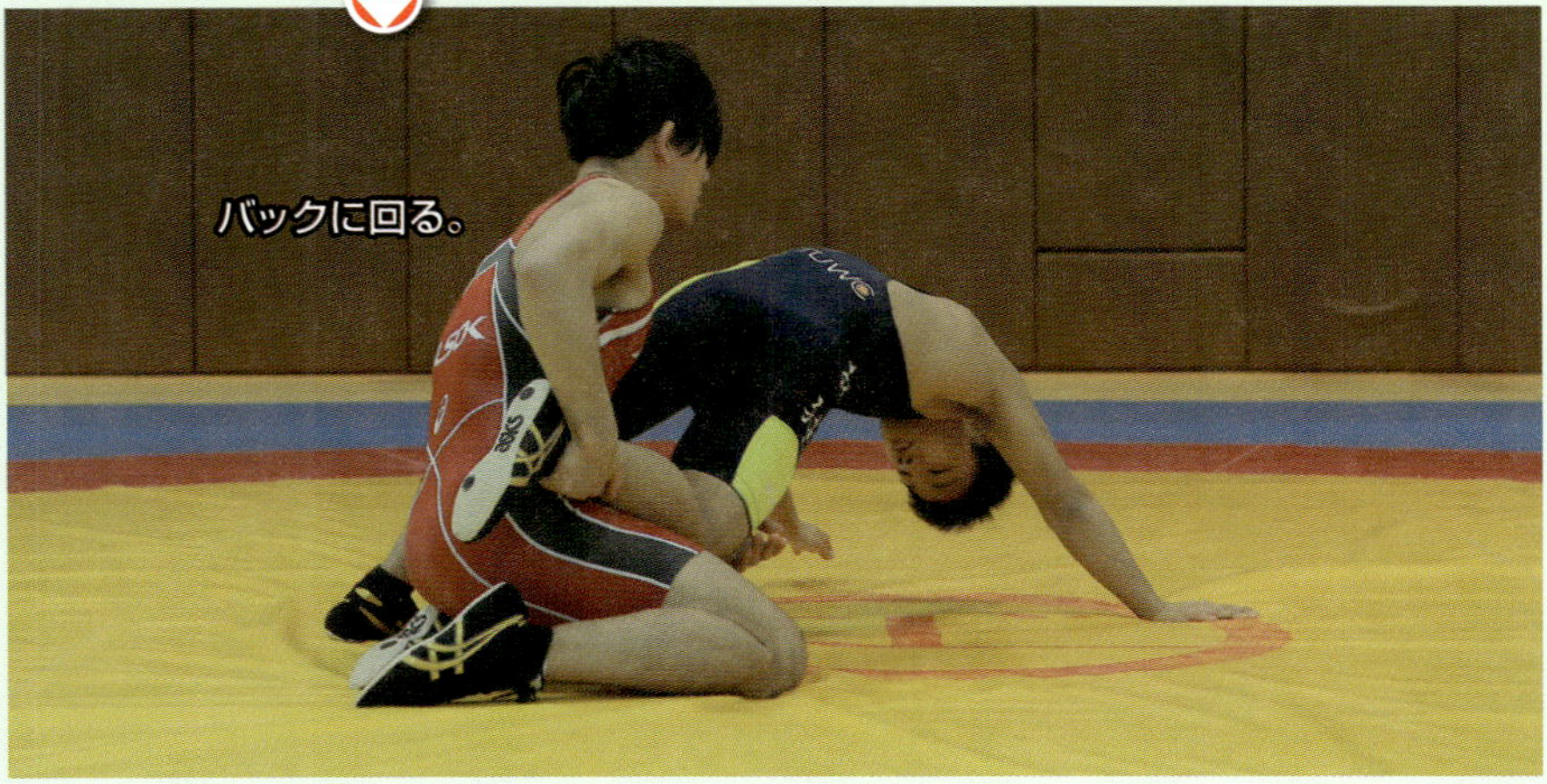
バックに回る。

相手のコテと頭を押さえ込む

足を引きながら コテと頭を押さえる

相手が懐に入り込んできてからの防御は、相手のコテと頭をしっかりと押さえ、足をとらせないことが基本となる。相手に体重をかけることも重要となる。

相手がタックルで
自分の懐深くまで
入り込んできた。

相手の頭を上から押さえ、
体重をかける。

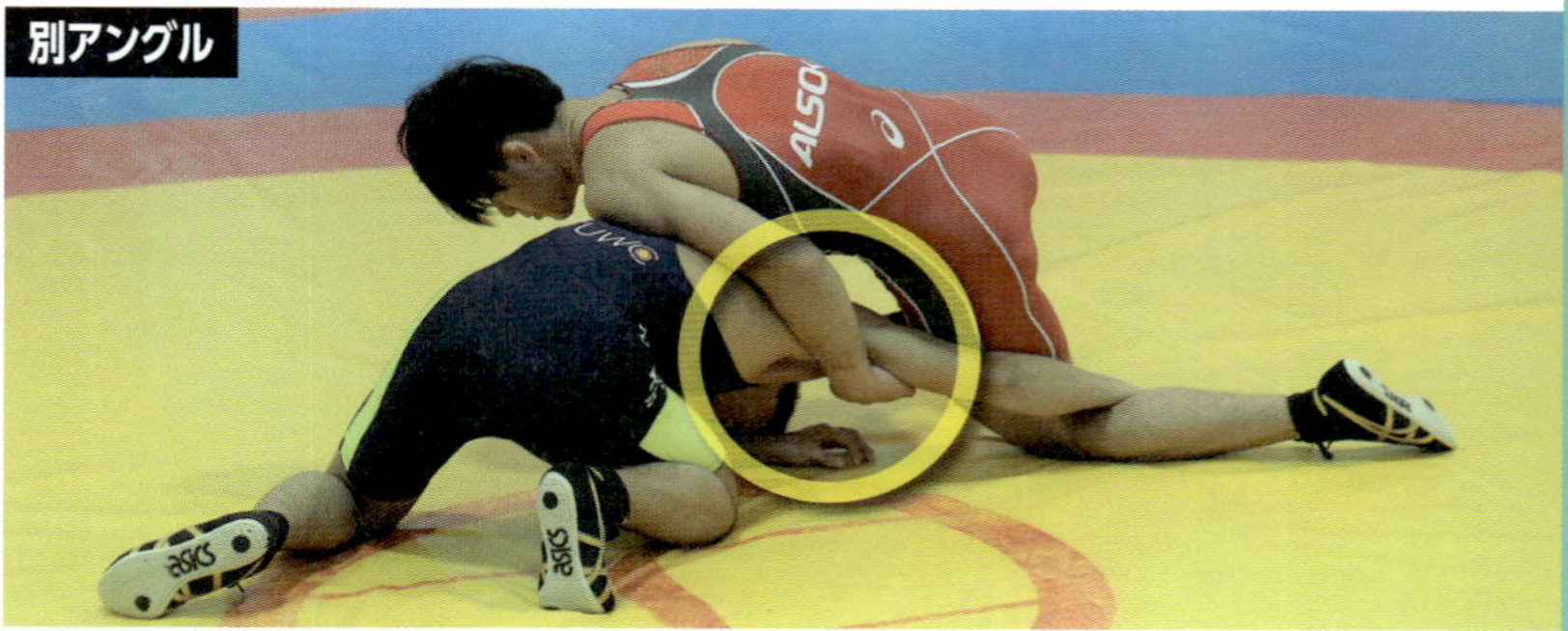

別アングル

+1 プラスワンアドバイス

相手の頭を押さえながらバックステップをして、しっかり相手に体重をかける。

防御からのカウンター①

相手の頭をヒザでブロックして返す。

ヒザで相手の頭をブロックする。

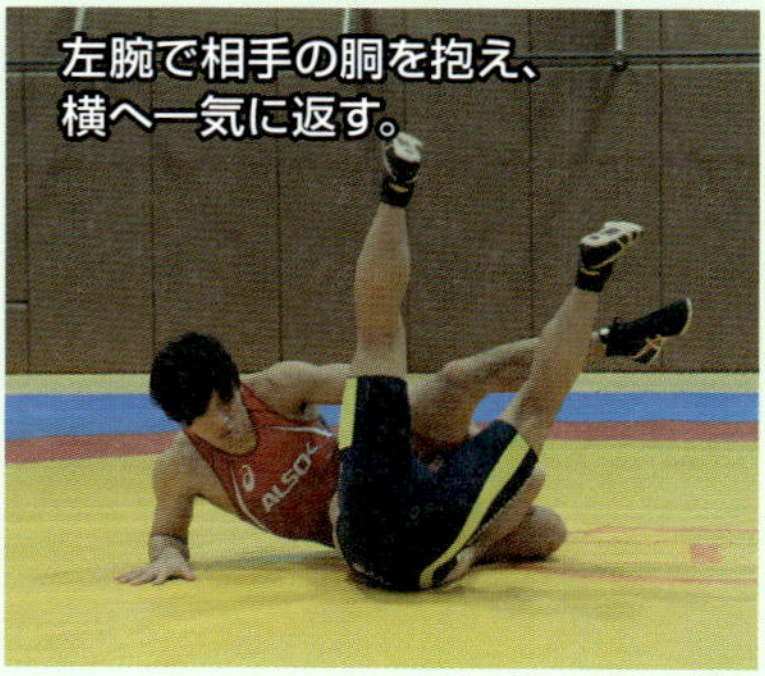
左腕で相手の胴を抱え、
横へ一気に返す。

防御からのカウンター②

頭を押さえてバックに回り、ポイントをとる。

ピンチの体勢から
相手の頭を押さえる。

頭を押さえながら
体を回転していく。

回転しながら
腕を相手の体に
巻き付ける。

足が抜けたら、バックへ回る。

コツ 19

ハイクラッチ

相手の片足に入りながら頭を外へ出す

相手の右ワキを開けながら、
懐に入り込む。
内から組む。
両足に持ち替え、
相手の背中に耳を
つけるように横へつく。

相手をすかしてタックルに入る

相手のワキを開け、頭を外に出しながら片足をとりにいく。そこから両足に持ち替える。相手は最初、**両足へのタックルをイメージしているので片足へのタックルですかされ、バランスを崩すことになる。**

+1 プラスワンアドバイス

相手のワキ下にしっかりもぐり込むことがポイント。同時に足をコントロールし、すばやく両足に持ち替える。

組み手で外から組んだ場合、相手の腕をこじ開けてタックルに入る。

外から組んだ場合のハイクラッチ

差しからハイクラッチに入る場合は、腕を返してタックルに入る。

横へついたら
両足に持ち替える。

差しからのハイクラッチ

差しの状態で組む。

腕を返す

相手の腕を
あげて懐に入る。

懐に入り込んだら、
片足を取りにいく。

+1 プラスワンアドバイス

バリエーションを増やして攻撃の幅を広げる

ハイクラッチは基本の「内から」、そして「外から」「差しから」をマスターしておくと、攻撃のバリエーションがさらに広がる。差しからのハイクラッチは、腕を返してから行うことがポイントになる。

ハイクラッチで相手がお尻をついてもつれた場合は、腕を抱えて巻き込む。

ハイクラッチからもつれた場合①

相手が尻をついたら、
脚の付け根に肩をつける。

相手の右腕を左腕で極める。

相手の腕を極めたまま、
回転して巻き込む。

+1 プラスワンアドバイス

ワキの下を使って相手の腕を極める

巻き込んで返すには、相手の腕がしっかりと極まっている必要がある。自分のワキを締め、腕を極める。

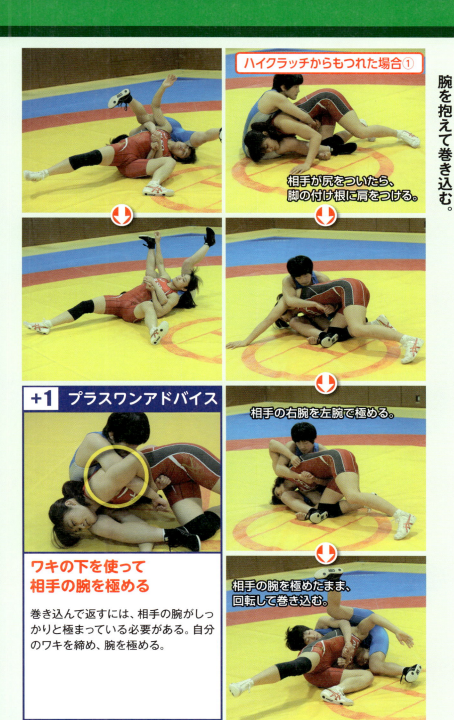

相手がお尻をついてもつれた場合は、相手の足を掴み右に回り込む。

ハイクラッチからもつれた場合②

ハイクラッチで
相手がお尻を
ついたが、
そのままもつれ、
動きがとれない。

肩を相手の脚の
付け根につける。
右ヒザで相手の
右足を外側に押す。

押した足をすばやく手で
コントロールする。

足首をヒザの上に乗せる。

有利な体勢に
体を入れ替える。

+1 プラスワンアドバイス

右足を使って相手の右足を移動させる

自分のヒザを使って相手の足をコントロールし、次の体勢に移りやすいようにすることがポイント。そうすることで、すばやく足首をとって持ちあげやすくなる。

コツ20

ヒジを押さえて持ち替えさせない

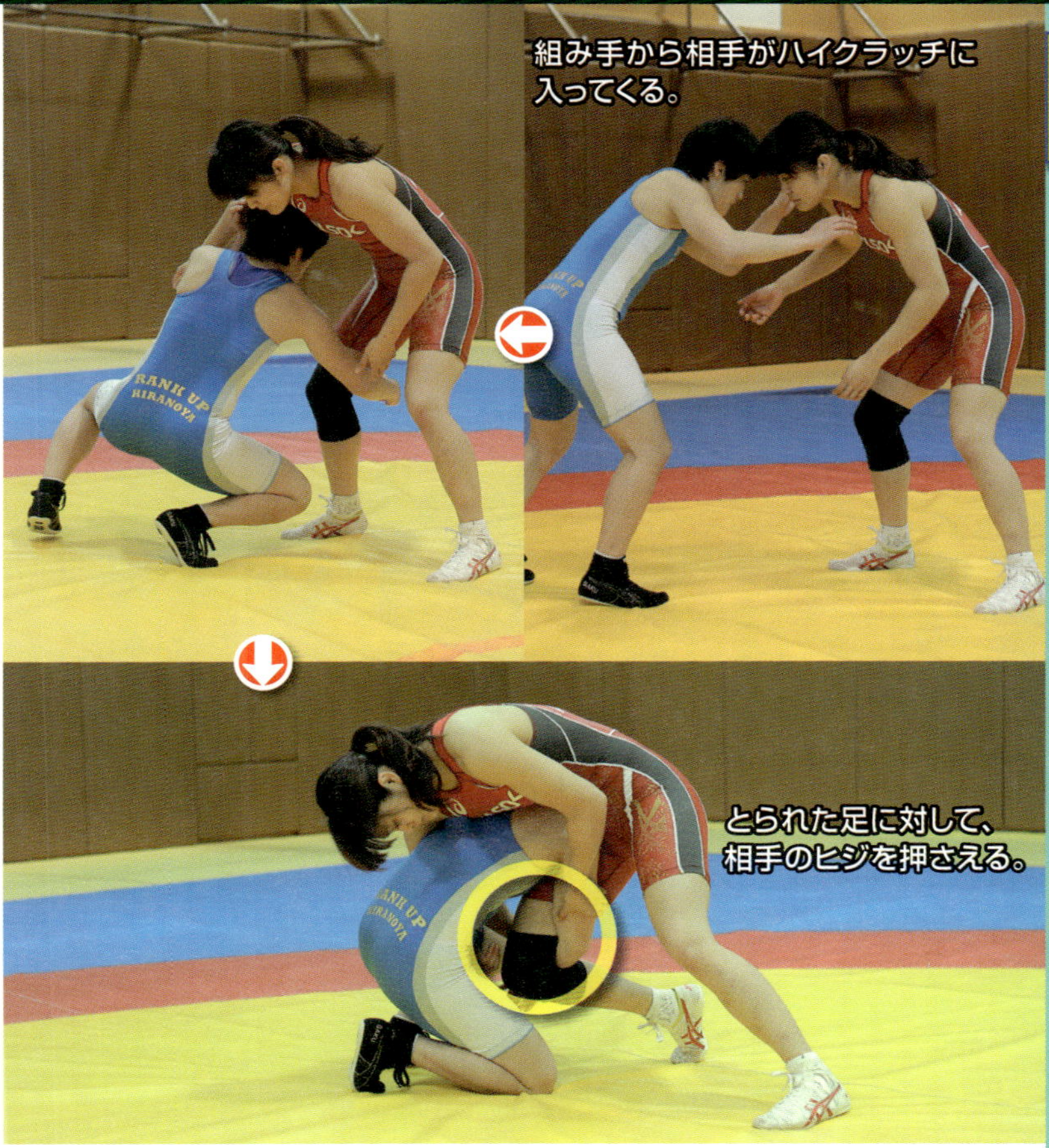
組み手から相手がハイクラッチに入ってくる。
とられた足に対して、相手のヒジを押さえる。

持ち替えさせないためにヒジを押さえる

相手がハイクラッチを仕掛けてきたら、足は持ち替えさせないことが大切だ。そのために**相手のヒジを押しながらバランスをとってディフェンスする。**自分の体重をかけて、相手が起きあがらないようにすることもポイントだ。

+1 プラスワンアドバイス

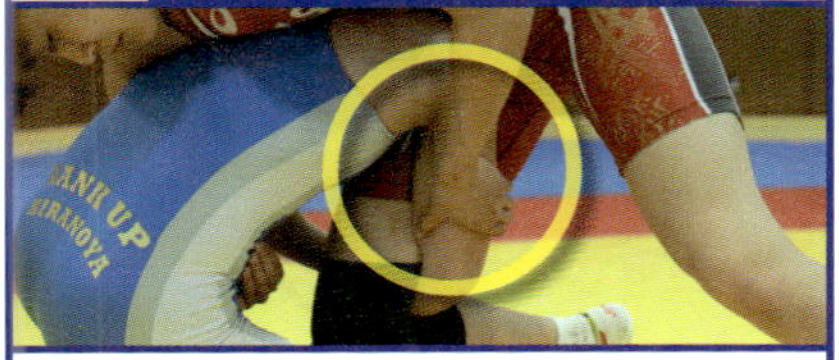

ヒジを押さえながら体重をかける

ヒジを押さえながら体重をかけることで、相手が起きあがる動きを止めることができる。そうすることで相手は足の持ち替えも容易にできなくなる。

斜め後ろにバックステップし、相手のタックルを潰す。

ハイクラッチの防御

組み手から相手にハイクラッチに入られる。

右足を引きながら、相手のタックルに反応する。

斜め後ろにバックステップしながら、体重をかける。

左手を相手の胴に回し、右手で相手の頭を押さえる。

さらに体重をかけて潰す。

+1 プラスワンアドバイス

体重をかけて相手を押し潰す

体重を相手にかけ右手で頭を押さえる。相手を抱え込むときは、まず右手を腹下に差し入れてから、左手を胴体に巻きつける。

相手の肩が抜けていれば、お尻をついた状態から後方に投げて返すことができる。

ハイクラッチに入られてからの返し技

相手にハイクラッチに入られ、
尻もちをついてしまう。

右腕を浅く、左腕を深く入れて
クラッチをする。

腰をスライドさせて
相手の肩を抜く。

相手の肩が抜けたら、
後方へ投げる。

+1 プラスワンアドバイス

**肩を抜けば
体勢が有利になる**

尻をついたら腰をスライドさせて、相手の肩をいち早く抜くことが大切。そうすることで自分に有利な体勢をつり、その後で後方に投げることが容易になる。

コツ 21

がぶりからの対処法

後方にさがりながら相手をがぶる

相手がタックルに入ろうとする。
足を触れさせないように
バックステップする。
アゴとヒザを
コントロールする。

さがりながらがぶる

相手がタックルにきたところを、バックステップでさがりながらがぶりの体勢になる。実戦では良く使う体勢なのでしっかり練習しておこう。

POINT 1 相手を上から抱える

レスリング用語の「がぶり」とは、相手の上から抱えた体勢のことをさす。相手タックルからのディフェンスでよくある体勢だ。

P66の基本の動きから、腕を持ち替えてバックに回り込む。

腕を持ち替えバックに回る

互いにタックルに入る
タイミングをうかがう。

相手がタックルに入ってきたら、
バックステップでかわす。

タイミングを合わせて
左手を持ち替える。

動きを止めず、
バックに回る。

+1 プラスワンアドバイス

タックルを押さえて腕を持ち替える

相手のタックルをまず左手で押さえ、その動作の流れの中ですばやく左手を相手の左腕に持ち替えることがポイント。

相手の左足首をとりながらテイクダウンも奪う。

バックステップしてがぶったら、相手のアゴを極めて、頭を胴の中に入れる。

がぶりから頭を中に入れバックをとる

相手がタックルにきたら、バックステップをする。

しっかりがぶる。

相手のアゴを極めながら、頭を胴の中に入れる。

頭を入れながら、相手の横につく。

+1 プラスワンアドバイス

アゴと足を極める

頭を中に入れ、アゴと足を極めてからバックポイントをとる。相手のヒザがマットについている時がチャンス。

高谷スペシャル

がぶりからスライド（＝スライディング）してバックまで回り込む。高谷選手が実戦でも活用する技の一つだ。

がぶりからスライディングで回り込む

相手がタックルに入ってきたらバックステップ。

足を触らせないようにしっかりがぶる。

アゴを極めスライディングしながら頭を相手のワキに入れる。

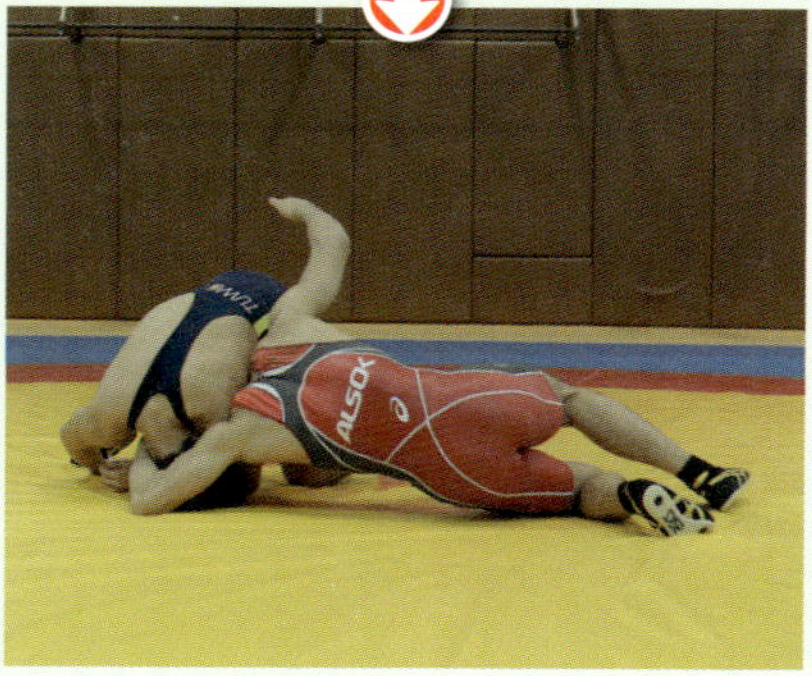

アゴを極めたまま右手を回す。

バックをとる。

+1 プラスワンアドバイス

スライティングですばやく相手の横につける

スライティングすることによって、一気に相手の横につくことができる。その際にアゴを極めながらバックにまわることがポイント。

コツ 22

クラッチを極め回転しながら返す

がぶりの体勢をつくる。
しっかりクラッチをしたら、
相手の左腕を極め、
頭を中に入れながら回転。

ヒザをつけた体勢を狙ってがぶり返しを打つ

がぶり返しは、かぶった状態から自分の方に引きつけて、まず**相手のヒザをマットにつけてバランスを崩すことが大切。**しっかりクラッチを極めて返しにいこう。

クラッチは3種類 しっくりくるものを選ぶ

クラッチには、3種類の手の組み方がある。いずれの組み方でも問題ないので、自分が一番組みやすいと思う組み方をすればよい。

P70とは逆方向にがぶり返しをするパターン。

しっかりがぶって、
相手にヒザをつかせる。

思い切って左足を
中に踏み込ませる。

相手の頭を
自分の腹につけて極める。

斜め後ろに思い切って返す。

+1 プラスワンアドバイス

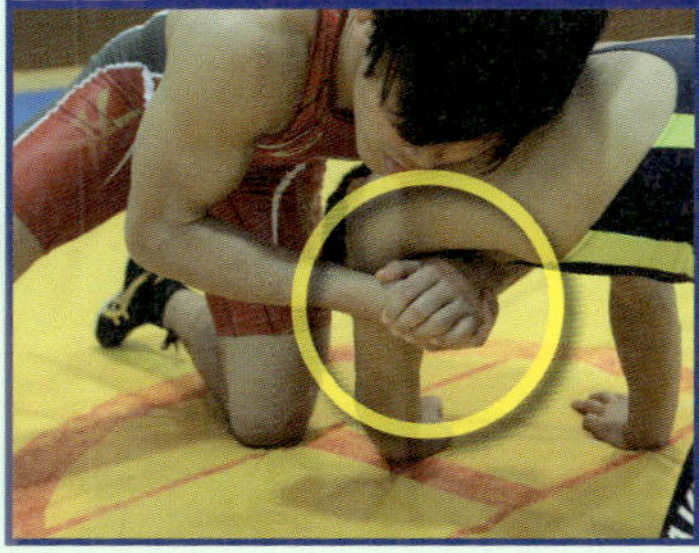

コツ23

4点ポジションからのとり方

クラッチして相手を潰す

4点ポジションから。
相手の胴にクラッチをして、
左足で足を刈りにいく。
足を刈りながら
相手のバランスを崩す。

ポイントをとるまでの詰めが重要

試合では4点ポジションからなかなかポイントがとれず、時間切れになってしまうケースが多い。そうならないためにも**確実にポイントをとれるテクニックをいくつかマスターしよう。**

+1 プラスワンアドバイス

4点ポジションになったことで、安心してしまい攻めきれないことがある。最後にポイントをとるまでの詰めが重要だ。

足で相手の左足をブロックしながら、左手で相手のヒジを折って相手を押し潰す。

4点ポジションからのテイクダウン①

4点ポジションから。

右手を相手の胴体に回す。

相手の横に出ながら、
左腕で相手のヒジをとりにいく。

前に押しながら
相手のヒジを引きにいく。

引いたヒジをたたむ。

+1 プラスワンアドバイス

前に押しながら
ヒジをたたむ

相手のヒジをたたむときは、自分の方に引きつけることでよりたたみやすくなる。前に押しながらヒジをたたむことで相手は前に潰れる。

足を刈るだけでは倒れない場合には、左手で相手を押しながら潰していく。

4点ポジションから。

相手に覆い被さるようにして、体勢をとる。

相手の左肩に全体重をかけながらヒジをとりにいく。

相手のヒジを固定したまま、ヒザを折るように重心を移す。

左ヒザを折る。

+1 プラスワンアドバイス

相手のヒザに重心をかける

相手の左ヒジを固定しながら、相手の左ヒザに重心を置く。そうすることで相手は、踏ん張りが効かなくなりテイクダウンを狙うことができる。

コツ24

首投げ

引き手をとり捻るように投げる

内から組む。
頭を抱え、相手の左腕を
しっかり極め腰を入れる。
捻るように投げる。

低く捻り倒す

相手の首をしっかり抱えながら、引き手を十分にとる。この引き手の極めが投げるうえで重要になる。**捻るように上から下へ投げることがポイント。極まれば一気にフォール体勢に持っていける。**

+1 プラスワンアドバイス

引き手の極めが技の正否に関わるだけに、ヒジがすっぽ抜けないように腕をとることが大切。汗ですべるときは要注意。

別アングル

別アングルからも首投げの動きを確認しよう。

組み手で相手が腕を差してきた場合は、首投げのチャンス。

差してきた相手を首投げ

相手が右腕を
差してきた。

やや体を半身にし、
相手の左腕をとる。

引き手をとったら、
懐に入り込みにいく。

腰を入れる。

捻るように相手を投げる。

フォールに持ち込む。

+1 プラスワンアドバイス

引き手をしっかり極めて投げる

相手に差された場合の首投げは、失敗するとポイントをとられてしまうこともある。引き手をしっかり極めることが大切。抱えている首に目が行きがちだが、引き手の引きがなければ技を極めることはできない。

コツ25 一本背負い

相手の足の中にしゃがみ込む

内から組む。

相手の腕をしっかりと
とりながら、背を向ける。

腕を極め 足の中へしゃがみ込む

相手の足の間にしゃがみ込んで、腕をしっかりとって自分の前方に投げる「一本背負い」。**すばやくしゃがみ、相手の正面に背中を向けて投げることが最大のポイントとなる。**

+1 プラスワンアドバイス

相手の足の間に深く入り、素早くしゃがみ込む。真っすぐに入り込み、相手の正面に背中を向け腕を極めることがもっとも大切なポイントとなる。

相手の足の間に
しゃがむ。
腕を引き込みながら
相手を持ちあげる。

POINT 1 相手が前に出てきたときに背中を向けながら相手の懐に入る

こちらからの前への圧力に対し、相手が出てくるタイミングに合わせて技を仕掛けるのが重要。引き手となる腕をしっかりとり、自分の背中の上に相手を乗せて投げる。

相手の腕を巻き込みながら回転する

内から組む。

相手の腕をしっかり極め、
相手の懐にもぐりこむ。

頭をあげたまま、
前方へ巻き込む。

頭をあげて巻き込む

相手の腕を極め、懐にもぐりこんで回転して投げる技を「巻き投げ」と呼ぶ。**腕をしっかり極めたら、巻き込んだときに頭をあげることが大切。**一本背負いと同様に、相手が前に出てきたタイミングが投げやすい。投げ切れなかったら、バックをとりにいく変化もできる。

+1 プラスワンアドバイス

相手の腕を右手でしっかりと捕えたら、頭をあげて腕を締め付ける。こうすることで相手は逃げることができなくなる。

巻き投げからバックをとる

投げが切れなかった場合には、相手の胴に手を回してバックをとる。

しっかり頭をあげる。

投げ切れなかった場合。

相手の胴に腕を回す。

回り込んでバックをとる。

POINT 1 腕をしっかり極め巻き込む

相手が出てこなくても、自分から技を仕掛けることもできる。頭をあげたまま、前方に巻き込んで投げることがポイントだ。

コツ27

横に交わして両足タックルに入る

相手が
タックルに入ろうと
一歩踏み込んでくる。
相手のタックルにタイミングを
合わせて相手の腕を横に振る。
相手の腕の外から
両足タックルで
カウンターを打つ。

相手のタックルにタイミングを合わせてカウンターを打つ

「カウンターアタック」は、相手がタックルに入り込んできたのを交わしながらカウンターでタックルに入ることを指す。**試合でポイントをリードしているとき、相手は必ず攻めてくる。**相手が出てくることを読みに入れよう。そのような状況がカウンターのチャンスだ。

+1 プラスワンアドバイス

相手のタックルに合わせてヒジを横に振る。そうすることで相手は手を使って防御しにくくなるので、横からタックルに入りやすくなる。

ヒジを押さえ込んでタックルをかわし、両足にいくと見せかけて片足に入る。

カウンターからの片足タックル

相手がタックルに入る。

相手の動きを受け止める。

タイミングを合わせて
片足タックルに入る。

足をコントロールしたら横につく。

さらに後ろに回り込む。

相手の足を浮かせて
コントロールする。

+1 プラスワンアドバイス

一気にバックまで回り込む

カウンターアタックは相手が予期しにくいタイミングで繰り出す技なので、防御することが難しい。相手の足をコントロールしたら一気に後ろに回って、より優位な体勢から次の技に移行できる。

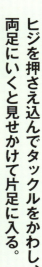

伊調馨インタビュー

コツ28

レスリングの奥深さを追求しています！

伊調 馨（いちょうかおり）ALSOK所属／女子58キロ級

1984年6月13日生　青森県出身 166㎝

愛知・中京女子大附属高（現・至学館高）、中京女子大（現・至学館大）卒。2004年アテネ、2008年北京、2012年ロンドン、2016年リオデジャネイロオリンピック優勝、オリンピック4連覇。世界選手権10回優勝。全日本選手権13回優勝。全日本選抜選手権5回優勝。2020年東京オリンピックで個人初の5連覇に挑む。

コツ29 自分を追い込み、妥協しない！

私は中京女子大（現・至学館大）卒業後も母校で練習を続けていましたが、北京オリンピック後、拠点を東京に移し、出稽古を中心に活動しています。そのため、代表合宿以外では強制されることはありませんが、その分自分に厳しく、常に追い込み、決めた練習メニューは何があっても最後までやり抜くようにしています。人間って弱いですから、一度妥協するとドンドン甘くなってしまいますからね。

練習で最も大切にしているのは、覚えたい技を何度も何度も繰り返して打込む〝反復練習〟です。考えながら技を出しているようではダメ。考えなくても自然と体が動き、技が極まるようになって初めて試合で使えるようになるわけですから。

基本をしっかり！ 間違ったやり方を一度覚えてしまうと直すのが大変なので、最初が肝心です。

そして、いくつかの技を反復練習で身につけ、自分の得意技にしたら、技と技の連携、〝流れ〟を意識して練習してください。例えば、股さきとローリングの連携とか。股さきをいくら磨いても、それだけでは相手に警戒されたらかかりません。股さきと見せかけ、相手がディフェンスしたらローリングに行くなどの連携が必要です。

コツ30 試合はリセットの場、終われば、すぐ次が始まる

2014年9月、ウズベキスタンで行われた世界選手権の優勝インタビューで、私は自分の試合を「40点」と自己採点しました。記者さんたちは驚かれていましたが、自分としては練習してきたことが半分も出せなかったので悔しかったし、やっぱり自分に厳しく。

試合では、持っているものをすべて出す。タックルだったら、両足タックルも片足タックルもハイクラッチも、躊躇せずに全部出してみる。いくら練習ででても、試合でうまくいかなかければ何にもなりません。できるかどうか、それを確認するためには出してみることです。

そして、勝っても満足せず、試合内容を自分なりによく見直して、反省すべき点はしっかり反省することです。

試合は、選手にいろいろなことを教えてくれます。勝った試合でも、負けた試合でも。試合当日までの調整や直前のアップがうまくいったかどうか。身についたつもりでいた技が、本当に自分のものになっているのかどうか。

また、試合はリセットする場だと私は考えています。勝ったからと言って喜んでばかりいず、試合が終われば次の戦いはもう始まっています。勝った選手も負けた選手も反省して、試合から多くのことを学んで、全員が同じスタートライン

コツ 31 どこまで強くなれるか？わからないからおもしろい

最近、キッズの大会に表彰式のプレゼンテーターなどとして呼んでいただく機会が増えましたが、私なりにひとつわかったことがあります。それは、強くなる選手は、どんな場面でも決して「力を抜かない」ということです。

タックルに入って相手にディフェンスされても諦めず、力を抜かないでポイントが奪えるまで攻め続ける。バックを取られそうになっても、力を抜かずやすやすとポイントは与えない。

私は敵に大差をつけた試合でも、1ポイントたりとも取らせないよう最後まで戦います。それは、負けた試合でも最後に1ポイントでも取れれば、「次は勝てるかも」と相手に思わせてしまうからです。

に立ち、次の試合までにどれだけがんばったかで勝敗が決まるのです。

レスリングは本当に奥が深い競技です。私は偶然とか力づくではなく、攻めるにしても守るにしても、すべて理にかなっていて、言葉できちんと説明できるレスリングを追求してきましたが、やればやるほどレスリングの奥深さに打ちのめされてしまいます。

「ちょっといい感じになってきたかなぁ」と思うと、もうちょっとのところでまた壁にブチ当たって落ちる。その繰り返しです。でも、チョコチョコ上がっていくより、ドーンと落ちて、また上がっていくほうが突き抜けられるような気がしています。

落ちた後、なんかひらめいたりしますから。諦めたら、そこで終わり。もっともっと追求していかないと。

私は、兄や姉が楽しそうにやっていたので自分もレスリングがやりたくなり、3歳の頃から地元の八戸クラブへ通うようになりました。

子どもの頃は土曜、日曜の練習が待ち遠しくて、大好きで……あれから30年!? もうそんなに経つんですね。

それでも、自分にはまだまだ伸びシロがあると思っています。どこまで強くなれるのか、全くの未知の世界。そこがレスリングのおもしろさですね。

文・宮崎俊哉（CREW）

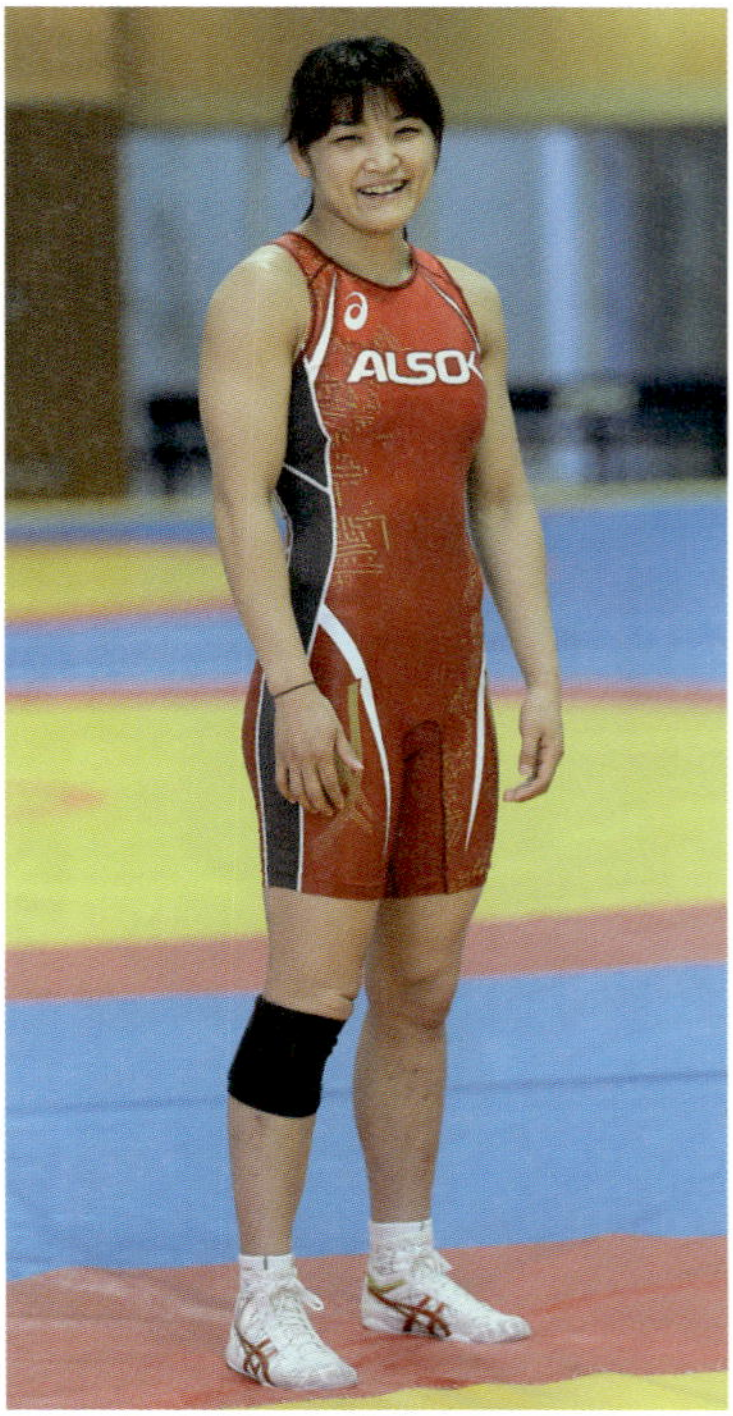

PART 3

グラウンド

コツ 32

グラウンド技術

グラウンドでポイントを重ねる

ポイント加算に有効なグラウンド技

テイクダウンでポイントをとった後、そのままグラウンドに持ち込み、技が極まれば、ポイントを獲得できる。ポイントを重ねるためには必須の技術だ。

試合で勝つためには、スタンドからの投げ技やタックルと同様に、グラウンドの技もしっかりマスターする必要がある。技のバリエーションが広がれば、より堅実に試合を進めることができるからだ。

また、基本的な動きを覚えたら、その時々で自身が動きやすいように改良を重ね、実戦で活用できるまで技の精度を高めよう。

本書では、グラウンド技術の中でももっとも基本的なアンクルホールドとローリング、股さき、エビ固めを紹介する。

POINT 1 アンクルホールド

相手の足首を伸ばした状態でクロスさせる、そこから相手を回転させる。

POINT 2 ローリング

相手の胴を抱え込んで、密着したままクラッチする。そこから一気に相手を回転させてポイントをとる。

POINT 3 股さき

自分の足で相手の太モモを極め、背筋と下半身の強さを利用して股さきを仕掛ける。下半身の返しから腕で相手のアゴを引きつけることで、フォールの体勢に持ち込む。

POINT 4 エビ固め

エビ固めを極めることができれば、相手は逃げることが難しい。そのため逆転技にはもってこいのテクニックだ。

コツ 33

アンクルホールド

足をクロスして極めてから返す

肩で相手の尻を押し、
アンクルホールドの体勢に入る。

足をクロスさせる

一気に返す。

連続技で高得点を狙う

一度、技が極まると連続してかけることが可能なアンクルホールド。伊調選手の得意技としても有名。**肩で相手の尻を押し、腰を立たせないようにしながら技に入ることがポイントだ。**

+1 プラスワンアドバイス

右手で相手のヒザを極め、左手で足をクロスさせる。相手を自分の肩で押さえることで、腰を立てて防御しにくくする。

相手を肩で押さえながら、右手で相手のヒザを極め、左手で足をクロスさせる。

左ワキを締めて相手の足首をコントロールし、右手でヒザを抱えながらクロスする体勢に入る。

極めたまま、足をあげにいく。

四つん這いからのアンクルホールド。

ポイントは、相手が前に逃げないように、腰をしっかりコントロールする。

四つん這いの相手へのアンクルホールド
四つん這いの相手のバックに回り、
相手の右足を左足の付け根に乗せる。

右手で腰、左手で足首を
コントロールする。

右手で相手の太モモをとりにいく。

肩で相手を押しながら、
相手の左ヒザを右手で引きつける。

右手はそのままで、
左手で相手の足をクロスさせる。

アンクルホールドが極まったら、
自ら回転の体勢に入る。

片足タックルからのアンクルホールドの連続技を見てみよう。

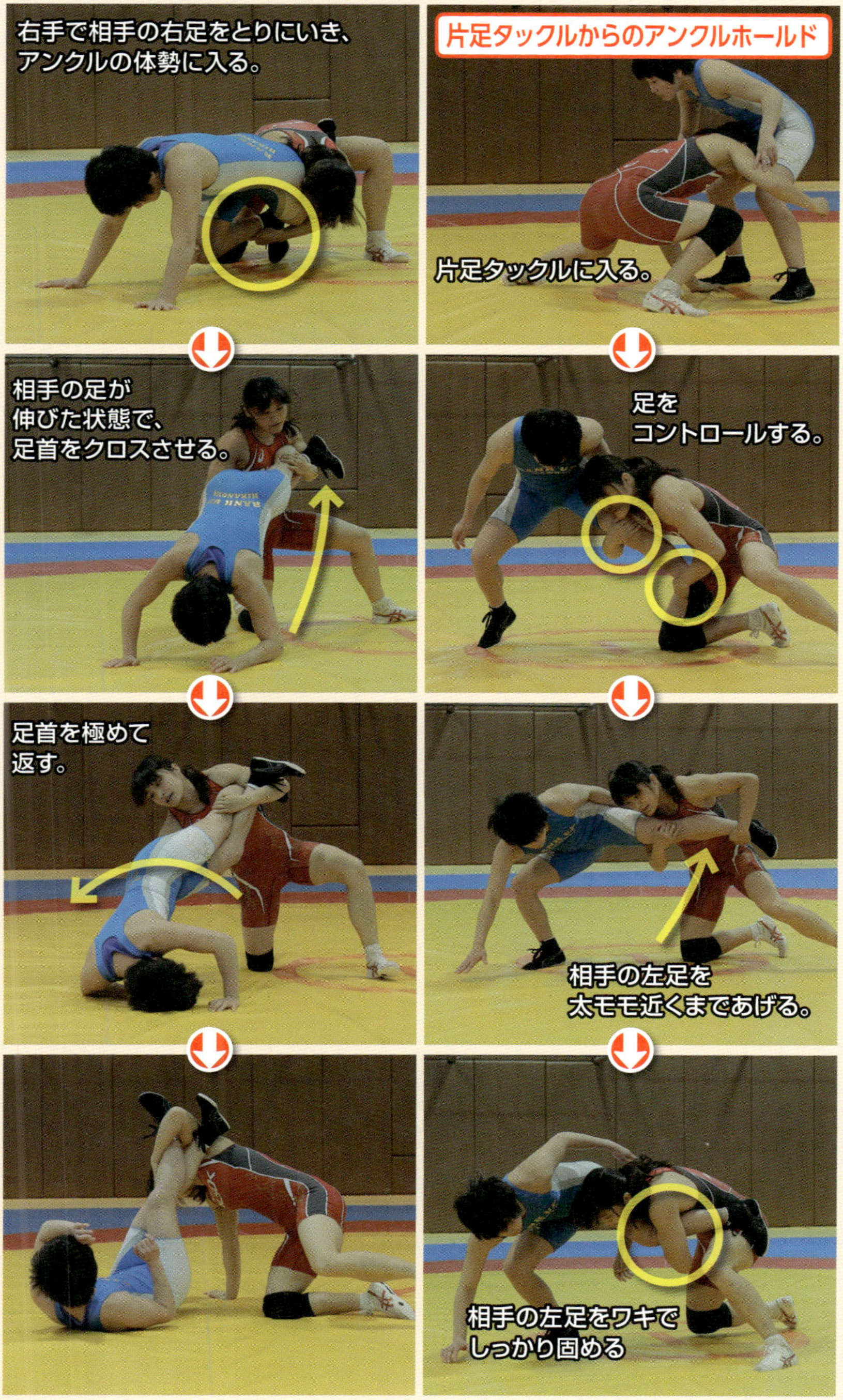

コツ34 足を伸ばした体勢をとらない

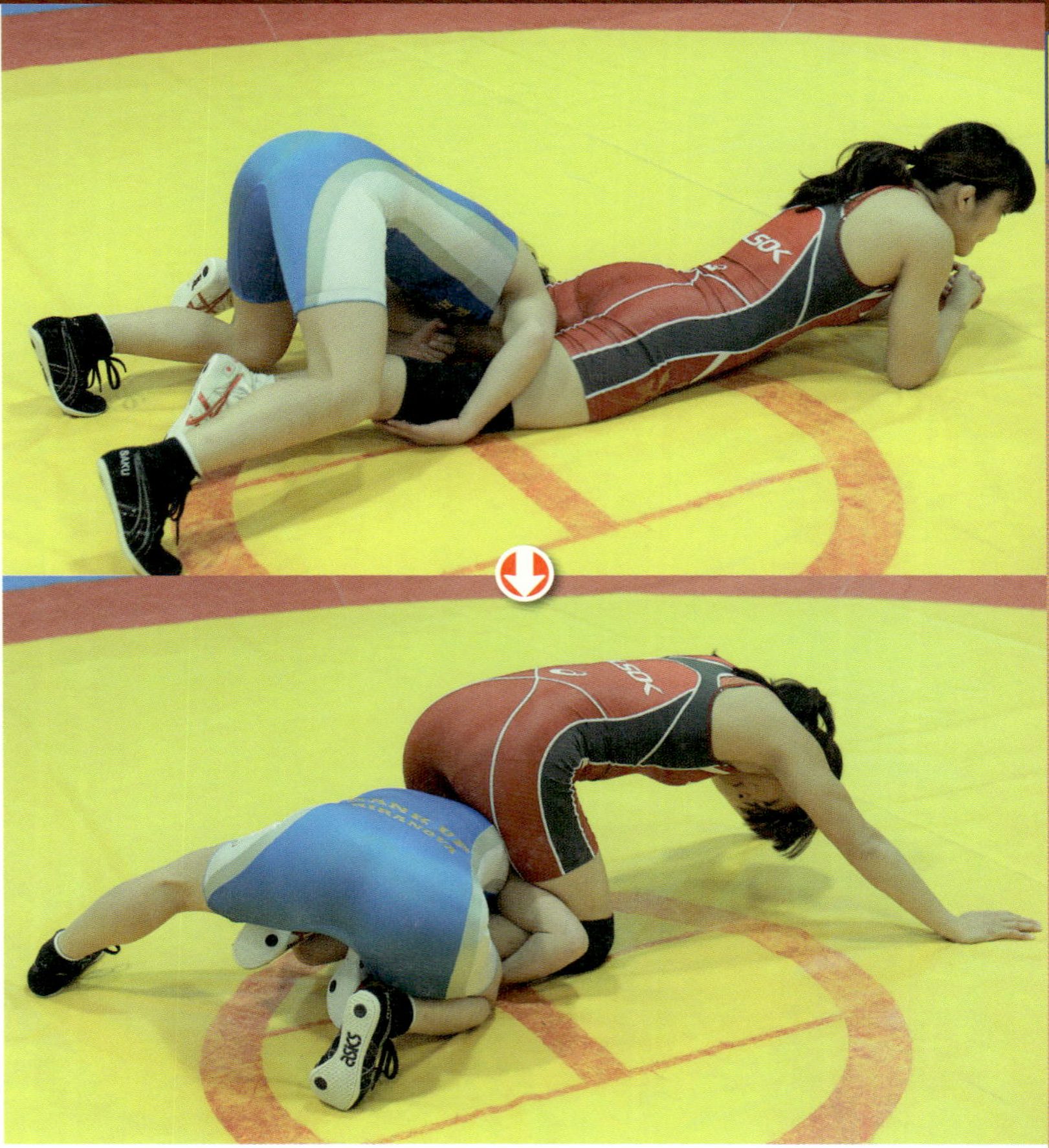

アンクルに入られないように腰を立てる

アンクルホールドを極められないようにするには、三段階にわけて防御することが可能だ。アンクルホールドは伸びている足に仕掛ける技なので、**まずは腰を立てて自分のヒザを曲げた状態にすることが大切だ。**相手に自分のヒザと足首を極められないよう、常に動きを止めないことも大切だ。

ヒザをとられそうになったら、とりにきた相手の手を押さえることも有効。足が極められそうになったら、自分の右足を前に蹴り出し、すばやく足首と足首の距離をとる。そうすることによりアンクルホールドを掛けにくい状況をつくる。

POINT 1 ヒザを曲げ、相手の指を掴む

相手は肩で尻を押した後、ヒザをとりにくる。

自分のヒザを極められないように、とりにきた手を押さえて防御する。

POINT 2 右足をスイッチして、相手から遠ざける

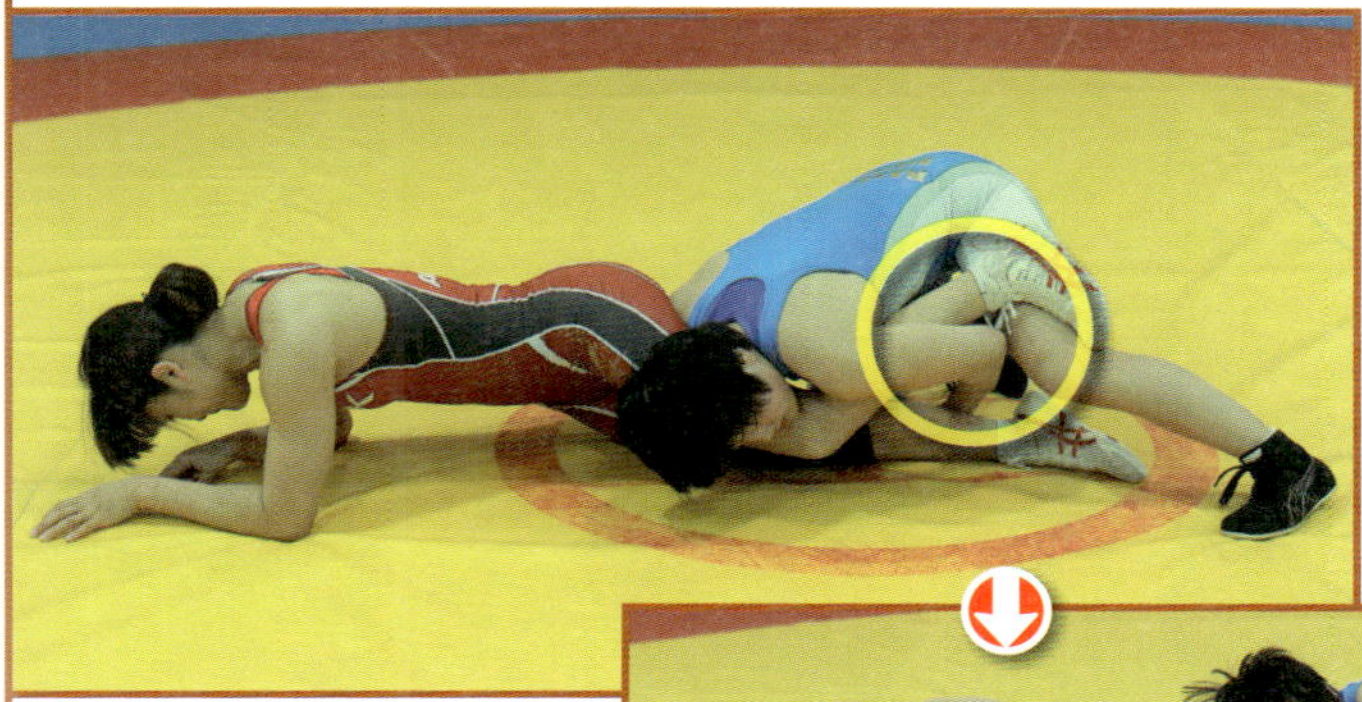

ヒザをとられてアンクルホールドが極まりそうな状況。

自分の右足を前に蹴り出し、足首と足首の距離をとる。そうすることによりアンクルホールドを掛けられにくくする。

コツ35

腕を深く差し込み密着する

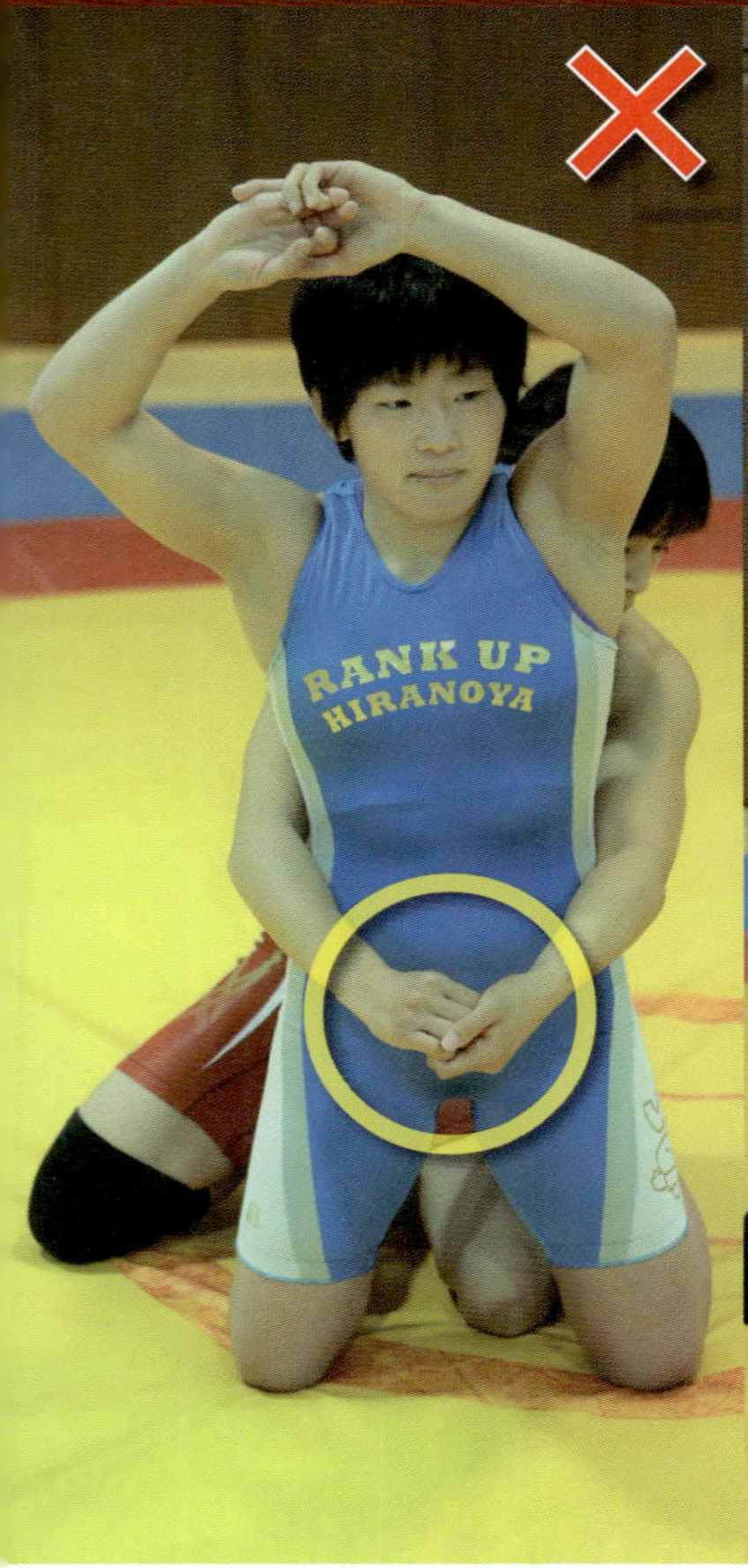

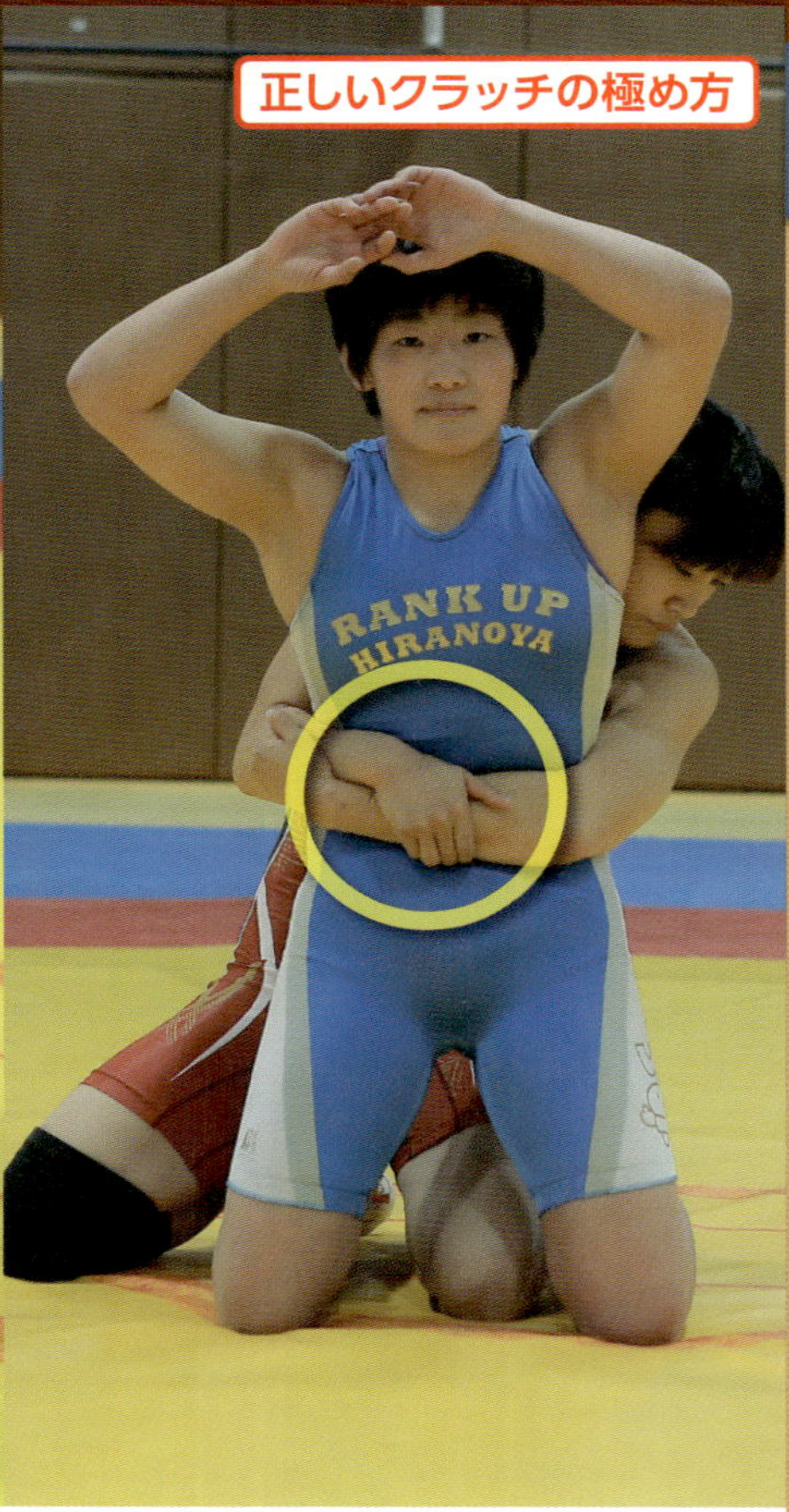

しっかりクラッチして密着する

グラウンドの中でもっとも有名な技が「ローリング」だ。「ガッツレンチ」とも呼ばれる。

しっかりクラッチしたら、右に回転する場合には左腕を深く入れて右腕を合わせ、密着したまま、絞り込むようにして回転し、大きくブリッジする。

+1 プラスワンアドバイス

右に回転する場合には、左腕を深く差し込んでクラッチする。逆に左に回転するときは、右腕を深く入れる。相手との隙間をつくらないことがポイント。

伊調選手のローリング
左腕を深く差し込んでクラッチする。

密着したまま、
絞り込むように
回転する。

大きくブリッジして返す。

POINT 1 相手に密着しないと技をかけることができない

相手の胴体をクラッチしたとき、腕が密着していないと技が決まらない。この状態のまま回転しても、自分だけが回ってしまい、相手を回すことができない。腕を引き絞り、相手との隙間をなくす。

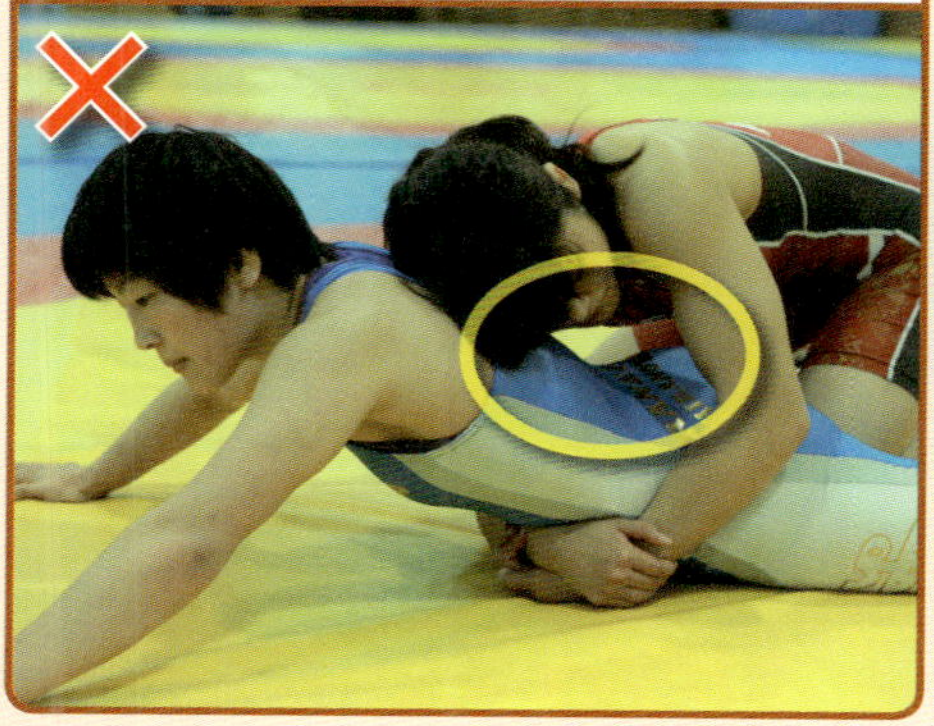

高谷選手のローリング

コツ36

頭をあげて腕を張る

背筋を意識しながらディフェンスする

ローリングの防御は背筋を意識しながら、頭をあげて相手が回転しようとしている方向の腕を張ることがポイント。

同時に回転方向に対して、**ヒザを曲げて腰を切ることで防御の力がアップする。逆にヒジが曲がり、頭がさがってしまうと技が極められてしまう。**

ローリングに対してうまくディフェンスができれば、相手が逆方向へのローリングを仕掛けてくることもある。とっさに対応できるよう予測しておくことも大切だ。

コツ 37 股さき

股さきで相手の股関節を極める

太モモの下に足を入れ絡ませて股関節を極める

相手の股関節を極めて、返す技を「股さき」と呼ぶ。日本人選手にはこの技を得意としている人も多い。

右足で相手の股関節を極めたら、アゴを自分の胸の内側に引き込む。

+1 プラスワンアドバイス

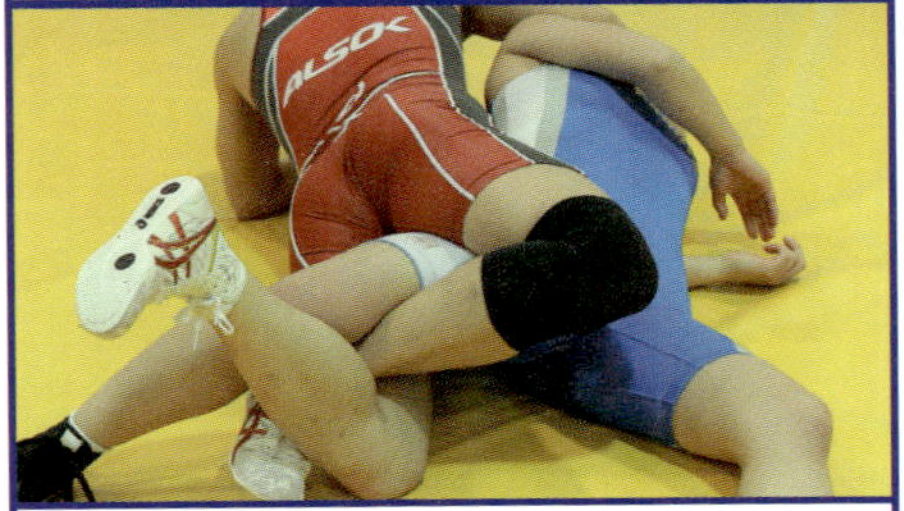

股さきはいかに股関節を極めるかがポイント。股関節を極めると同時に相手の足を開こうとすることにより、相手が返る。そのため強い下半身の力が必要だ。

体勢を立て直す。

自分の足をクロスさせ、股関節を極める。

極めた股関節を
下半身の力を使って返しにいく。

股さきへの入り方

自分の左足で相手の右足を引き寄せる。

さらに自分の太モモへ持ってくる。

相手の足を太モモに乗せ、
股さきに入る体勢をつくる。

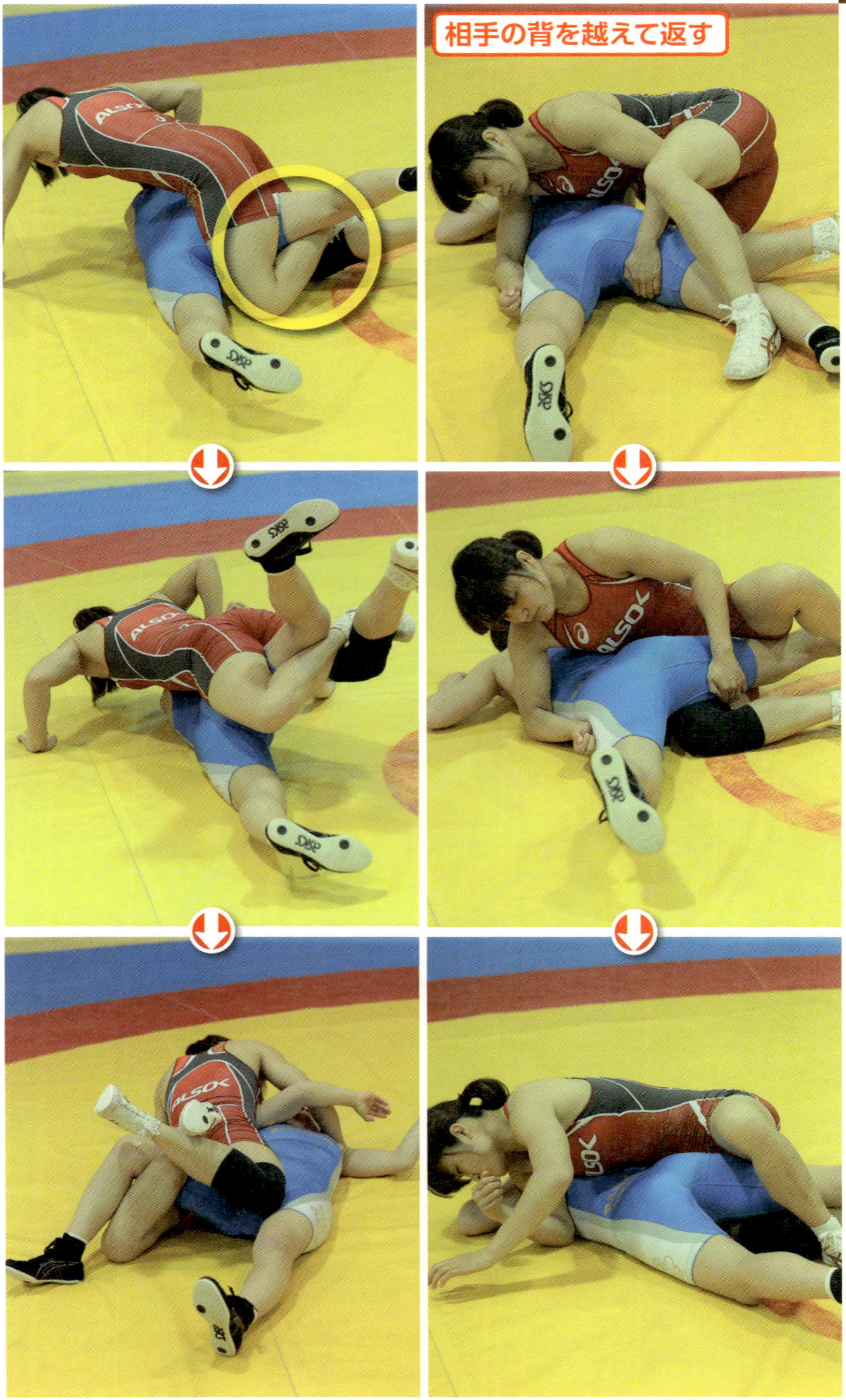

伊調スペシャル

股さきでは、相手の足を捕えるまでが重要となる。P101で紹介した足の刈り方とは逆になる、伊調選手ならではの技術。

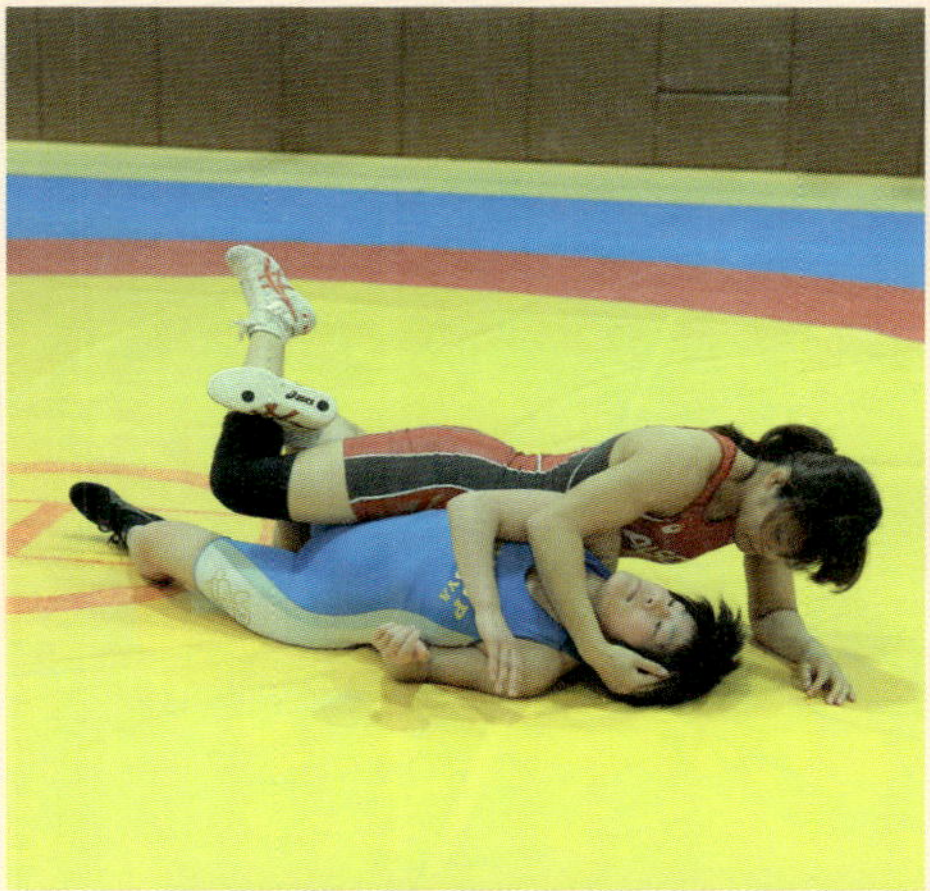

+1 プラスワンアドバイス

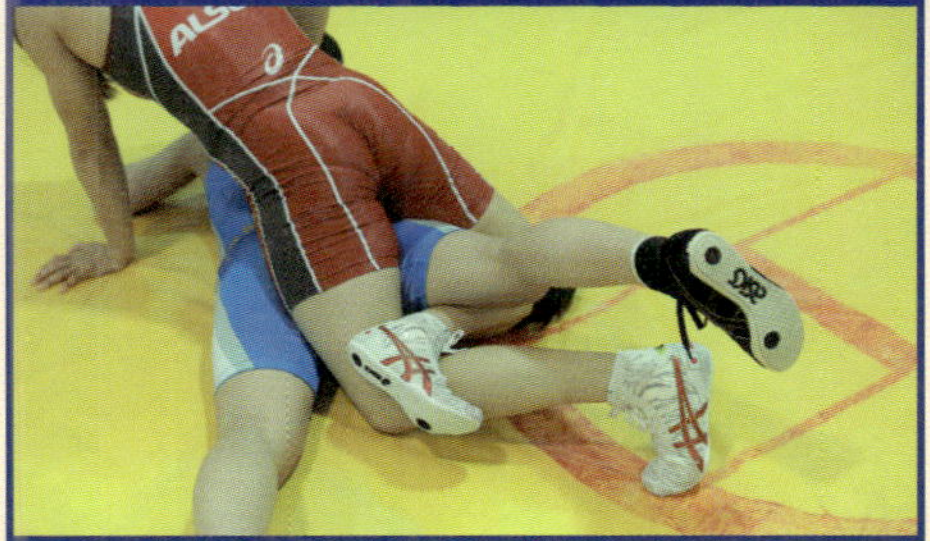

自分に合った技の掛け方を探す

もちろん基本は大事だが、応用を身につけることで技の幅が広がる。股さきでも足の刈り方に違いがあるように、自分の体の柔軟性や筋力の強さ、利き腕や利き足の使い方などによってアレンジが必要になる。自分に合う技をマスターしよう。

コツ 38

マットに体をつけて腰を切る

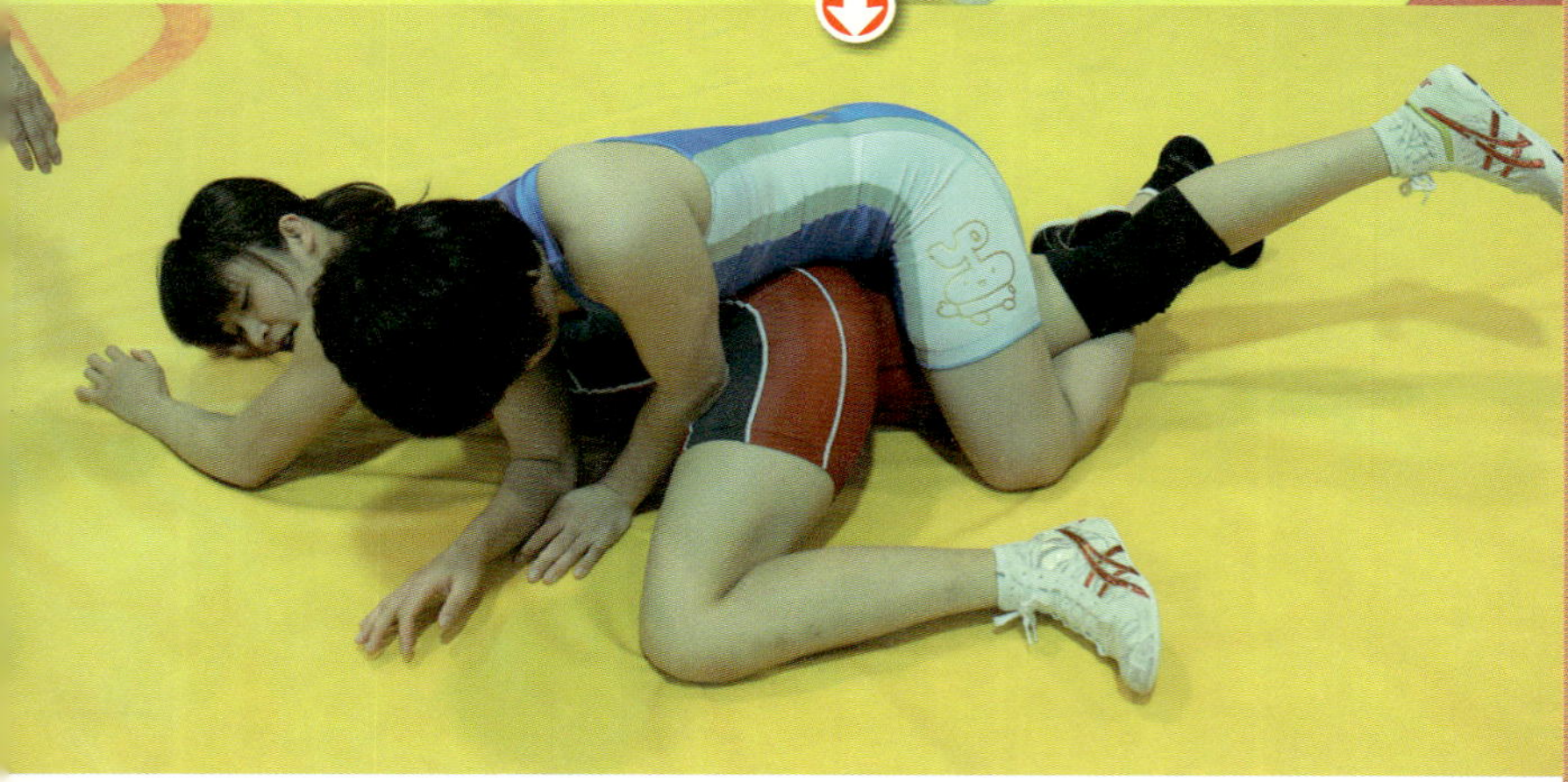

返されそうな方向と反対に腰を切る

股さきを防御するには、まず足を入れられないことがポイント。足を入れられた場合、**返されそうになる方向とは反対に体を切って防御する**ことが大切だ。

+1 プラスワンアドバイス

足を極めた相手が返そうとしてる、反対の方向に腰を切ることで防御できる。

コツ39 エビ固め

頭とヒザを折りたたむようにクラッチ

相手の頭と足の距離が近いときに狙う

エビ固めは極まれば、フォールに持ち込める技。**4点ポジションから相手の頭と足の距離が近くなったタイミングが狙いやすい。**相手の頭とヒザを折りたたむようにクラッチして技を極めよう。

+1 プラスワンアドバイス

左右の手首と手首で握るクラッチの形が理想。相手をより小さく折りたたむことができ、技が極まってフォールに持っていきやすくなる。

高谷惣亮インタビュー

コツ40

東京オリンピックで兄弟金メダル！世界で一番目立ちます

高谷惣亮（たかたにそうすけ）　ALSOK所属／男子フリースタイル74キロ級

1989年4月5日生　京都府出身　178㎝
京都・網野高、拓殖大卒。
2012年ロンドン、2016年リオデジャネイロオリンピック出場。2014年世界選手権準優勝。全日本選手権8回優勝。全日本選抜選手権5回優勝。2020年東京オリンピックでは男子フリースタイルチームのリーダーとして期待される。

コツ41 負けず嫌いだからいまの自分がある

僕は自他ともに認める日本一、いや世界一の「負けず嫌い&目立ちたがり」。それはレスリングを始めたときからいままでずっと、自分のモチベーションを最大限高めてくれる原動力でした。

小学生の頃、僕が空手に熱中していると、兄と弟はレスリングを始めていました。結局、3人揃って地元・網野町の少年レスリング教室に通うようになり、マットでの練習はとても楽しかったのですが、気が付くと僕は兄弟に出遅れていました。それがとても悔しくて一生懸命練習した結果、小学校6年生のときに大会で優勝することができたのです。

その後、高校三冠王となり、3年生のときには高校生ながら全日本選手権にも出場。大学生だけでなく、社会人とも対戦するとは知りませんでしたが準優勝することができ、「タックル王子」と新聞各紙で大きく報じられました。

しかし、自分ではあのときの決勝戦も勝てたはずだと思い、悔しさの残る試合でした。さらに、北京オリンピック出場権をかけた最終予選にも出場させてもらいましたが、あと一歩のところでオリンピックへのキップをつかむことができませんでした。

大学時代はそうした悔しさをバネに、全日本大学選手権4連覇、全日本学生選手権3連覇を達成。卒業してすぐのロンドンオリンピック・アジア予選で、出場権を獲得しました。

ところが、日本代表レスリングチーム最年少として戦ったロンドンオリンピックは初戦敗退。世界選手権の出場経験もなく、いきなりの世界最高の舞台で、「オリンピックに棲むと言われている〝魔物〟になってやろう」と狙っていましたがなりきれず。リオデジャネイロでも悔しさが続きましたが、2020年東京オリンピックで僕は必ず雪辱を果たします。

コツ42 強くなるためには日々の生活が重要

網野高校はレスリングの名門でしたが、僕はレスリング推薦ではなく、勉強して一般入試で進学しました。「レスリングが強いだけ」なんてカッコ悪いじゃないですか。レスリングも勉強も、両立してこそ目立つ。勉強はもちろん、いろいろな経験をして、学んで、吸収してこそ、レスリングも強くなれる。僕はそう思っています。

それと、自分自身にも言い聞かせていることですが、強くなるためには一生懸命練習するだけでなく、睡眠や食事など日常生活の土台が重要です。いい加減な生活をしていたら、絶対にダメ。しっかり自己管理すること。

練習や試合で辛いことから逃げていたら勝てないことはみなさんもわかっているでしょうが、学校や社会でも辛いこと、嫌なこと、自分が苦手なことから逃げず、立ち向かっていかなくては強くなれません。

コツ43 自分の体と常に対話する

練習中はもちろん、日常生活でも一つひとつの動作をするとき、僕は常に自分の体と対話しています。流したり、誰かに流されることはありません。

体に聞いてみて、疲れているなぁと感じたら、体が休養を欲しているのですから休みます。休むことも大切ですからね。あるいは、今日は体が動かないなぁと思ったら、入念にストレッチして、時には練習メニューを変えることもあります。

練習は人からやらされているうちは、決して強くなれません。何のための練習なのか、どこを鍛えている練習なのか考え、自覚して、自分から率先してやらなければ意味がない。すべてにおいて自分というものをしっかり持ち、自分で考えて行動することです。

また、試合前には対戦相手のビデオを観たりしますが、あまり重視しません。敵の研究をするよりは、試合ではアレコレ考えたりせず、練習してきたことを信じて、自分の動きを徹底するほうが大事だと考えているからです。

2020年東京オリンピックまであと1年ちょっと。この段階で新しい技を覚えるよりは、フィジカルをもっと強くしていこうと思っています。どんな試合展開になってもバテない体力と、パワーのある外国人選手にも返されない強さがあれば、金メダルは確実です。

僕はいま弟とともにがんばっていますが、東京オリンピックに兄弟揃って出場を果たし、しかも、注目されるなか二人同時に金メダルを獲得するとなれば、世界で一番目立つことができるでしょうね。

文・宮崎俊哉（CREW）

PART 4

トレーニング

ブリッジして首を強くする

鼻までマットにつけ首を強化する

レスリングでは首を鍛えることが必須といわれる。首を強くすることで相手の技に対しての防御力やケガを防止することができる。

ここで紹介するブリッジは、レスリング特有の基礎練習法で、首の強化に役立つとされている。

ブリッジをしたら鼻までマットにつけ、前後に動かして首を鍛える練習法から始めよう。次に、首を支点にして、足を前後に動かしたり、首を支点に180度回転したりと、徐々に難易度の高いトレーニングを行う。

一般的に、準備運動を行った後にこのブリッジを行うことが多い。

1
頭をマットについて準備する。

2
マットを蹴り、ゆっくりと足をあげる。

3
背中側まで足を動かす。

4
TAKUSHOKU
ブリッジの体勢になる。

5
マットを蹴って足を前方にあげる。

6
バランスをとりながら、
倒立の姿勢になる。

7
足を前に
おろしていく。

8
1の姿勢に戻る。
これを繰り返す。

1
ブリッジの体勢になる。

2
頭を支点にして
体の左側に回る。

3
頭はつけたまま、
頭を支点に体を反転させる。

4
1から180度回る

5
時計回りに戻る。

6
左側に足を動かす。

7
最初の
ブリッジに戻る。

8
次は、時計回りでまわり、
1に戻る。

コツ 45

ペアでブリッジを行う

コツ46 レスリング特有のマット運動を行う

1
マットに手をついてしゃがむ。
2
ゆっくりと前転する。
3
起き上がりながら、足を開く。
4
180度開くのがベスト。

1
ヒザ立ちの状態から、勢いをつけて前に反る。
2
勢いのまま、マットに手をつけ、足をあげる。
3
反りながらマットに顔をつける。
4
ブリッジして起きあがる。

+1 プラスワンアドバイス

レスリング独特の動きで柔軟性と運動能力を養う

マット運動はレスリングに必要な運動能力を養うことができる。レスリングならではの動きもとり入れ、基本的な運動能力を高めるほか、柔軟性をアップすることを目的に行う。

1
基本のマット運動が
できるようになったら、
バック転にも挑戦しよう。
2
3
4
5

1
運動能力を高めるため、
側転の練習も行おう。
2
3
4
5

コツ47 ストレッチ

柔軟性を高めケガを減らす

練習前後のストレッチでケガを予防しよう

レスリングは、相手に技をかけたり、または相手の技から逃げたりと、無理な体勢をとることも多く、様々な部位に負荷がかかる。負荷がかかれば、当然、ケガのリスクが高くなる。特にケガが多いとされるのは、肩周辺、腕、そして股関節から太モモ、足首などだ。

これらのケガを未然に防ぐためには、正しい練習を行うのはもちろんのこと、練習前後のストレッチが必須となる。ストレッチを行うことで、筋肉をほぐし、関節の可動域を広げればケガの防止になるのだ。

さらに、筋肉の緊張を解き、関節の可動域が広がれば、パフォーマンスの向上にも繋がる。

開脚し体を前に倒す

足を左右に開脚し、上体をゆっくりと前に倒す。息は止めず、体の力を抜いて行おう。レスリングでは、前後、左右に180度開脚できるようにしておくのが望ましい。180度開けるほどの柔軟性があれば、股関節の可動域が広がり、足を絡めるなどの動きがスムーズに行えるのだ。

体側を伸ばして筋肉をほぐす

前屈が終わったら、次は体を左右に倒し、体の側面の筋肉を伸ばす。側面を伸ばしたら、胸をヒザにつけ、足の裏側もよく伸ばす。

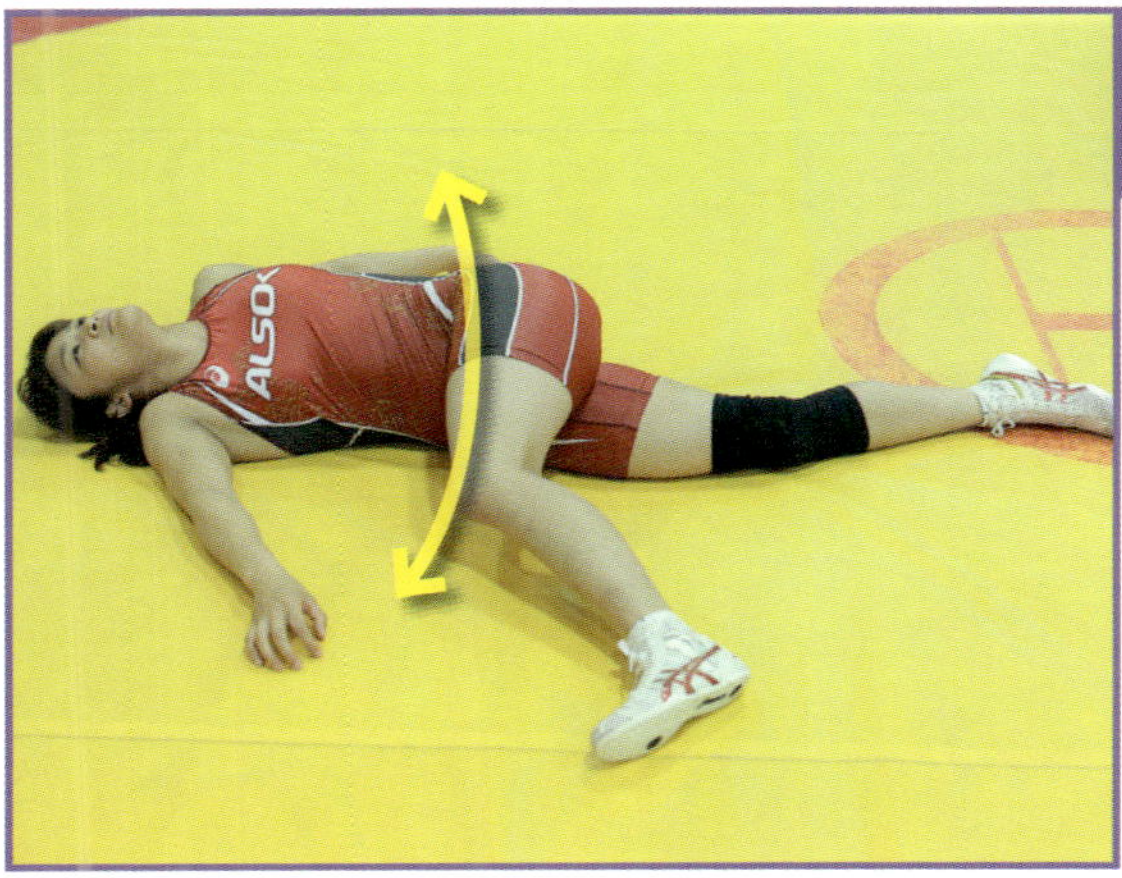

疲労しやすい尻の筋肉を伸ばす

様々な技で使う、足を絡める動作では、尻の筋肉＝大臀筋を使うため、疲労が貯まりやすい部位でもある。ストレッチではこの部位もよく伸ばし、筋肉をほぐそう。仰向けに寝て、両肩をつけ、足を体の側面に出して大臀筋を伸ばす。

コツ 48

レスリングに必要な体力を身につける

様々な種類の運動を組み合わせてレベルをアップ

サーキットトレーニングとは、様々な種類の運動を休むことなく行い、スタミナや瞬発力、スピード、パワーをアップするトレーニング法だ。

モモあげ、バタ足、ジャンプ、バービー、腹筋、腕立て、背筋をそれぞれ30秒間ずつ、それを3セット繰り返す。運動の種類は、このほかに懸垂やロープ登り、2人で組んで投げ技を入れるなど、何通りもあり、その時々で組み合わせを変える。

全てを全力で行うため、非常に辛いトレーニングでもあるが、これをこなすことで、試合中、苦しいときに我慢する訓練にもなるため、定期的に行うことが大切だ。

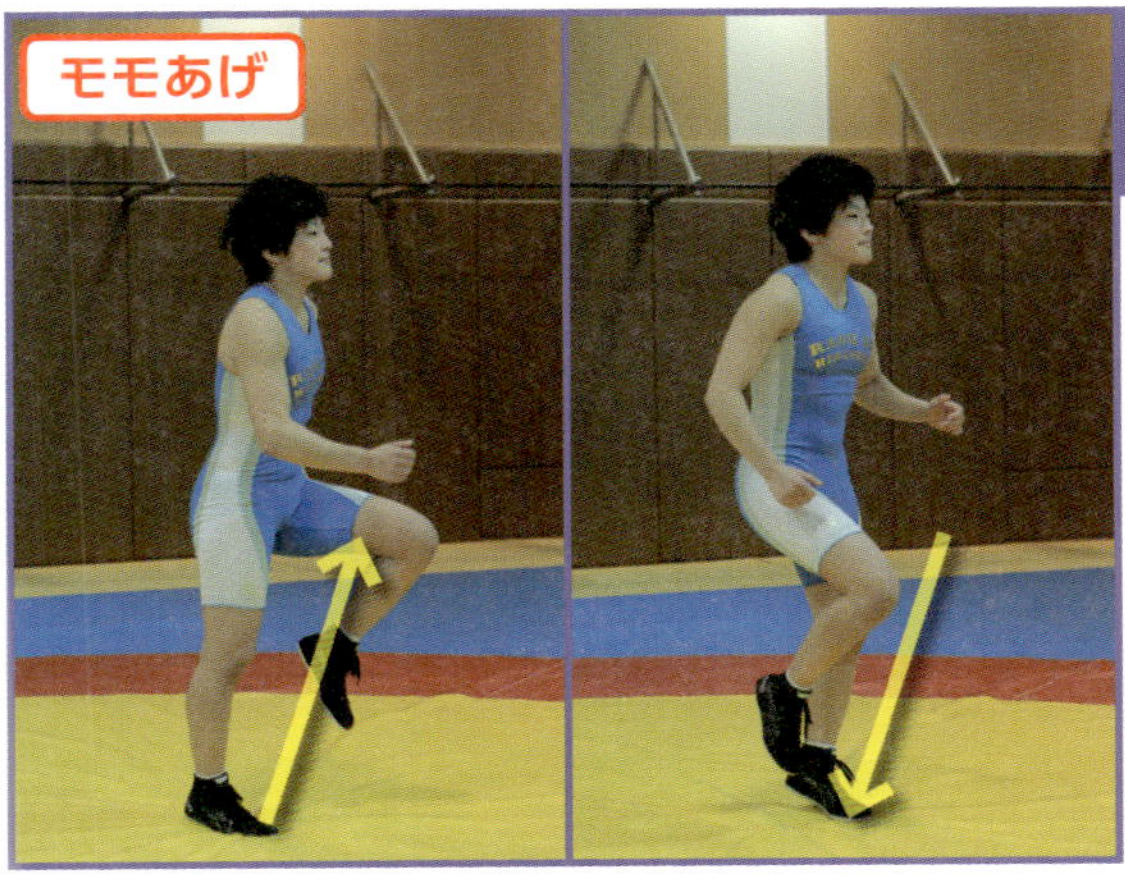

素早く太モモを上げ下げする

腕を大きく振って、左右交互にモモをあげておろす。顔は正面を向け、背スジは伸ばして、素早く足を動かすことを意識する。

高いジャンプを繰り返す

両足で高くジャンプする。ジャンプしたらヒザを曲げること。着地したら、すぐにまたジャンプ。これを30秒間、繰り返す。

腰をあげず顔は正面を向ける

腕立て伏せの姿勢になり、右足を胸元に動かす。その後、足を入れ替える。これを素早く繰り返す。疲れてくると、腰が必要以上にあがったり、顔が下を向いてしまうので、正しい姿勢をキープすること。

素早く体を上下させる

腕立て伏せは腕力を鍛えるのに最適なトレーニング法であるが、ここではスタミナ強化の一環として行われる。そのため通常の腕立て伏せではゆっくり動いて筋肉にしっかりと刺激を与えるのが正しい方法とされるが、サーキットでは素早く動き、回数を重ねるのがベスト。

体をくの字にし腹筋を鍛える

仰向けに寝て、両足と両手を浮かせ、足と腕を近づけるように体をくの字にする。足と腕は常に浮かせておき、床には着けないこと。

上半身を上下させる

うつ伏せに寝て、足を浮かせる。背筋を使って、上体を起こして戻るのを繰り返す。起きた状態をキープする必要はないので、素早く行うのがよい。

PART 5

レスリング豆知識

コツ49

東京オリンピックでメダル量産が期待される日本レスリング

裸に近い状態の人間が素手で組合って闘うレスリングの歴史は、文明の起源にまで遡ると言われ、ヨーロッパを中心にレスリングをする人を象った像、レスリングを描いた壁画が各地で発掘されている。

紀元前3000年には既に競技としても確立し、古代オリンピックでも人気を集めていた。ギリシャ人が行っていた初期のレスリングに、ローマ特有の格闘技を加えて新しいルールが決められ、後のグレコローマンスタイルに発展。一方、ヨーロッパ大陸からイギリスに渡って普及し、大英帝国の海外進出とともに世界へ広がったのがフリースタイルである。

1896年に始まった近代オリンピックでは、第2回大会を除き、レスリングは今日まで正式競技として採用されている。

日本レスリング界のオリンピックにおける活躍を振り返ると、1924年第8回パリ大会、日本人レスラーとして初めて出場した内藤克俊選手（フリースタイル・フェザー級）が銅メダルに輝いた。

そして、第二次世界大戦後の1952年第15回ヘルシンキ大会では石井庄八選手（フリースタイル・バンタム級）が金メダルを獲得。以来、不参加だった1980年第22回モスクワ大会を除き、2016年第31回リオデジャネイロ大会まで、レスリングは日本で唯一メダルを獲得し続けている競技である。

また、2004年第28回アテネ大会から始まった女子もリオデジャネイロ大会まで4大会連続して金メダルを獲得している。

リオデジャネイロで女子選手初となるオリンピック4連覇を達成した伊調馨選手（女子58キロ級）のほか、オリンピック初出場初優勝の快挙を成し遂げた登坂絵莉選手（女子48キロ級）、川井梨紗子選手（女子63キロ級）、土性沙羅選手（女子69キロ級）の4個を加えて、日本レスリングが獲得した金メダルは合計32個。

競技別に見れば、柔道の39個に次ぐ第2位の記録である。

さらに、2020年地元・東京で開催されるオリンピックでは、リオデジャネイロオリンピックで獲得した金4個・銀2個を上回るメダル量産が期待されている。

文：宮崎俊哉（CREW）

コツ50 オリンピック金メダル獲得率11／18

レスリングでは、フリースタイル、グレコローマンスタイルに続く第3のスタイルとして「女子」の世界選手権が1987年にスタート。1989年から2018年まで日本はすべての大会で金メダルを獲得。輩出した金メダリストは27人にも及び、通算で85個もの金メダルを奪取している。

同時に、オリンピックでも女子スタイルが種目となった2004年アテネ大会から北京、ロンドン、リオデジャネイロの4大会で金メダル18個のうち、伊調馨選手が4個、吉田沙保里さんが3個のほか、小原日登美さん、登坂絵莉選手、川井梨紗子選手、土性沙羅選手がそれぞれ1個と日本は合計11個を獲得。第2位は中国、カナダが各2個。以下、ロシア、ウクライナ、アメリカが各1個。

また、日本は伊調千春さんが銀メダル2個、浜口京子さんが銅メダル2個、吉田さんが銀メダル1個を獲得している。

さらに、2001年から始まったワールドカップ（国別対抗団体戦、2016年は実施せず）では、日本は2018年高崎大会までに10回優勝。2位2回、3位5回。全大会で3位以上と安定した強さ、層の厚さを世界に見せつけてきた。日本女子レスリングの強さの秘密は何か？

日本は男子も1952年ヘルシンキ大会から2016年リオデジャネイロ大会までオリンピックでメダルを獲得し続けている。女子の活躍が男子の歴史と伝統の上にあることは間違いない。そして、福田富昭日本レスリング協会会長が1980年代から世界に先駆け本格的に女子を強化してきたことが、今日の繁栄をもたらしたことは世界が認めるところだ。

さらに、プラスの理由として、吉田沙保里は自身初のエッセイ『明日へのタックル！』（集英社）で選手の立場から次のように説明している。

「私は次の3つのキーワード〝まじめ〟、〝切磋琢磨〟、〝練習量〟に絞って、日本女子レスリングの強さの秘密をお伝えしたいと思います。

日本の女子選手は、とにかくまじめです。まじめに練習に取り組み、選手と監督・コーチとの間には『この指導者についていけば、必ず世界チャンピオンになれる』という絶対的な信頼関係があります。次に、日本の女子選手はお互いに切磋琢磨し合い、全員が高い目標に向かって努力しています。たとえ階級が違っても、所属先が違っても、お互いに刺激し合い、『負けてなるものか』とがんばっています。そして、練習量。これだけはハッキリ言えます。日本の女子レスラーの練習量は間違いなく世界ナンバー1です」

文：宮崎俊哉（CREW）

レスリングのルール

●スタイル

身体全体を攻防に使う「フリースタイル」、腰より下部を攻めたり防御に使ってはいけない「グレコローマンスタイル」がある。女子は「スリースタイル」のみ。

●階級

【シニア】（　）はオリンピックでは実施されない階級

男子フリースタイル／57kg・(61kg) 65kg・(70kg)・74kg・(79kg)・86kg・(92kg)・97kg・125kg

男子グレコローマンスタイル／(55kg)・60kg・(63kg)・67kg・(72kg)・77kg・(82kg)・87kg・97kg・130kg

女子スタイル／50kg・53kg・(55kg)・57kg・(59kg)・62kg・(65kg)・68kg・(72kg)・76kg

※スクールボーイ・カデット・ジュニアは異なる

●着衣

試合前の抽選で小さい数字を引き当てた選手が赤いシングレット（レスリングのユニフォーム）、大きい数字を引き当てた選手が青いシングレットを着用。白いハンカチーフを身につける（シングレット内）。シューズの紐はテープを巻いて解けないようにする。

●試合場

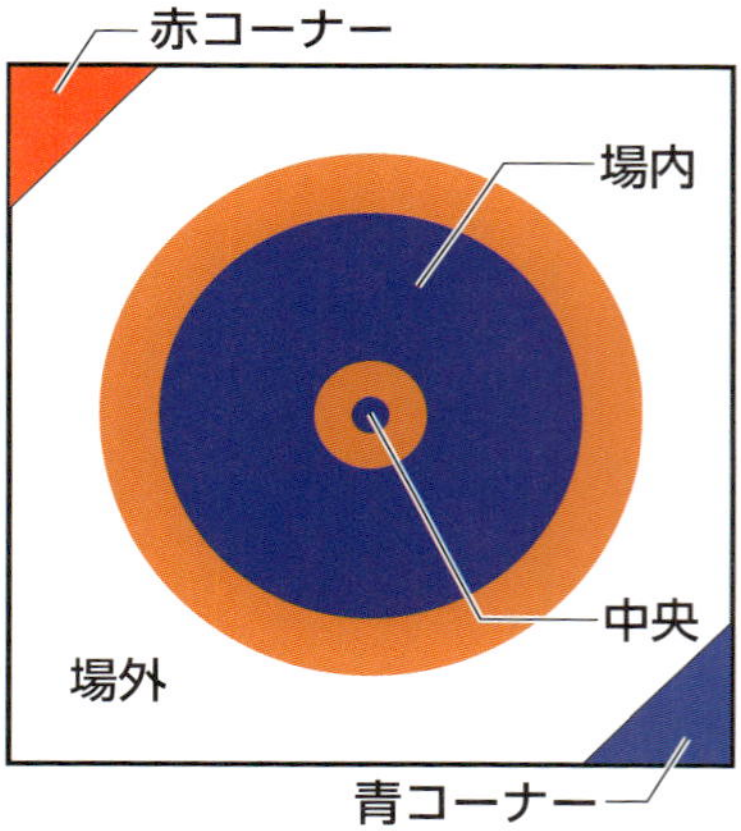

●試合時間

【シニア・ジュニア】

3分2ピリオド制

【スクールボーイ・カデット】

2分2ピリオド制

※ピリオド間のインターバルは30秒間

●フォール

相手の両肩を1秒間マットにつけるとフォール勝ちとなる。

●テクニカルポイント

1点／立ち技で相手を場外へ出すと1点。ただし、相撲の押し出しのように出してもダメ。場外逃避はコーション（警告）を取られ、相手に1点。投げ技を試みた結果、生じたコレクトホールドは1点。

2点／相手の両肩を結ぶ線をマットに向けて90度以上返すと2点。相手のバックにまわり、両手両足のうち3点をマットにつけると2点。

4点／投げ技、タックルなどでスタントから直接デンジャーポジションにすると4点。

5点／グレコローマンスタイルでは、大技で投げてからデンジャーポジションにすると5点。

●テクニカルフォール

フリースタイルでは10点差、グレコローマンスタイルでは8点差がついた時点で試合終了。

●同点の場合

ビッグポイント（を奪った選手）、コーション（が少ない選手）、ラストポイント（を奪った選手）の順番で勝利選手を決定。

●主な禁止事項

・身体にグリース状のもの、粘着性のものなどを塗り込むこと。
・発汗状態で試合に臨むこと。
・ワイヤー入りブラジャーを着用すること。
・相手のシングレットをつかむこと。
・髪、耳、性器などを引っ張ること。
・噛む、殴る、蹴る、頭突き、皮膚をつねる、足を踏みつける、手や足の指をねじること。

●審判

マットチェアマン、レフェリー、ジャッジの3名とジュリー（裁定委員）によって審判団は構成される。

●チャレンジ

判定に不同意の場合、セコンドのコーチは選手の同意を得て、審判団に対してビデオ検証を要請することができる。チャレンジは1試合1回のみ。ただし、判定が修正された場合、再度行使できる。判定が再確認された場合、相手に1ポイントが与えられる。

●消極的な選手に対する処置

フリースタイル

1回目は試合を中断、口頭で「パッシブ」。

2回目の「パッシブ」の場合、30秒間のアクティビティピリオドとなり、その間に両選手とも得点できなかった場合、試合は中断せず、アクティビティピリオドを課された選手の相手に1ポイント。

さらに消極性が見られた場合、アクティビティピリオドとなる。第1ピリオド2分経過後0－0の場合、必ず消極的な選手が指定される。各ピリオド終了30秒未満に技術回避と見なされるとコーションが与えられ、相手に1ポイント。

グレコローマンスタイル

1回目は相手に1ポイント、相手が「スタンディング」か「パーテレポジション」での試合再開を選択。

何れかの選手に拘わらず2回目は、相手に1ポイント、相手が「スタンディング」か「パーテレポジション」での試合再開を選択。

何れかの選手に拘わらず3回目及びそれ以降は、相手に1ポイントを与え、試合は中断されない。

モ デ ル

伊調馨

ALSOK

2004年アテネ、2008年北京、2012年ロンドン、2016年リオデジャネイロオリンピックの女子63·58キロ級金メダリスト。国民栄誉賞受賞。

高谷惣亮

ALSOK

2012年ロンドン、2016年リオデジャネイロオリンピックフリースタイル74キロ級日本代表。2014年世界選手権銀メダリスト。

【パートナー】

櫻井宏美

アジア選手権第3位

【パートナー】

高谷大地

世界選手権第7位

撮 影 協 力

ALSOK本社会議室で行われた
ロンドンオリンピック・パブリックビューイング

ロンドンオリンピックに出場した選手たち

ALSOKレスリング部

ALSOKレスリング部は1996年、大橋正教が入社し監督に就任。4年後の2000年シドニーオリンピック、笹本睦（グレコローマンスタイル58キロ級）が同部オリンピック選手第1号となる。笹本はアテネ、北京と3大会連続出場。2004年アテネオリンピックには小幡邦彦（フリースタイル74キロ級）も出場を果たす。2008年北京大会では松永共広（フリースタイル55キロ級）が銀メダルを獲得。2012年ロンドンオリンピックは北京大会で銀メダルを獲得後、入社した湯元健一（フリースタイル60キロ級）と高谷惣亮（フリースタイル74キロ級）が出場。2016年リオデジャネイロは高谷が2大会連続出場、太田忍（グレコローマンスタイル59キロ級）が銀メダルを獲得した。

一方、2004年アテネオリンピックから種目となった女子スタイルでは、同大会で金メダルに輝いた吉田沙保里（55キロ級）、伊調馨（63キロ級）、銀メダルを獲得した伊調千春（48キロ級）が次々と入社。北京オリンピックには3選手が出場し、前回大会に続き吉田、伊調馨が金メダル、伊調千春が銀メダル。ロンドンオリンピックでは吉田、伊調馨が日本女子選手としては初となるオリンピック3連覇を達成。さらに、リオデジャネイロオリンピックでは伊調馨が女子初、日本選手初、レスリング初となるオリンピック4連覇を成し遂げた。

現在、ALSOKレスリング部には7名の選手が所属。大橋監督のもと、全員が2020年東京オリンピックを目指して日々練習に励んでいる。

協力：綜合警備保障株式会社（ＡＬＳＯＫ）
公益財団法人日本レスリング協会

監　修　者

ALSOK レスリング部監督

大橋正教（おおはしまさのり）

1964年12月7日生　岐阜県出身
山梨学院大学時代、全日本学生選手権（グレコローマンスタイル）3連覇、大学選手権（フリースタイル）2連覇。全日本選手権1989年・91年・92年優勝。世界選手権1989年・91年入賞。1992年アジア選手権優勝。1992年バルセロナオリンピック出場。1996年ALSOKレスリング部監督に就任、現在に至る。公益財団法人日本レスリング協会評議員。

制作スタッフ

カメラ　保高幸子
デザイン　居山勝
編集　株式会社ギグ

ALSOKパワーで勝つ！レスリング
最強バイブル　新版

2019年3月5日　第1版・第1刷発行

監修者　大橋　正教（おおはし　まさのり）
発行者　メイツ出版株式会社
代表者　三渡　治
〒102-0093 東京都千代田区平河町一丁目1-8
TEL：03-5276-3050（編集・営業）
03-5276-3052（注文専用）
FAX：03-5276-3105
印　刷　株式会社厚徳社

●定価はカバーに表示してあります。

ISBN978-4-7804-2145-3 C2075 Printed in Japan.

ご意見・ご感想はホームページから承っております。
メイツ出版ホームページアドレス http://www.mates-publishing.co.jp/

編集長：折居かおる　副編集長：堀明研斗　企画担当：大羽孝志／堀明研斗

※本書は2015年発行『ALSOKパワーで勝つ！レスリング最強バイブル』の新版です。